동 물 권 리 선 언 시 리 즈 ④

개에게 인간은 친구일까?

이 책은 환경과 나무 보호를 위해 재생지를 사용했습니다.
환경과 나무가 보호되어야 동물도 살 수 있습니다.

개에게
인간은 친구일까?

책공장더불어

사람들이 다른 생명체에 대한 이해와 존중하는 마음가짐을 가질 수 있도록 돕는 중요한 책이다. 나는 특히 어린이들이 이 책을 무척 마음에 들어할 것이라고 믿는다. 왜냐하면 어린이들이 소중하게 여기는 개들이 전 세계에서 어떻게 살아가는지에 대해 많은 것을 배울 수 있기 때문이다.

잉그리드 뉴커크(동물을윤리적으로대하는사람들(PETA) 대표)

실용적이면서도 흥미진진한 이 책은 세상에서 가장 관대한 동물인 개를 바라보는 우리의 시각을 바꾸어 놓는다. 개는 인간을 조건 없이 사랑하며, 인간을 위해서 맡은 역할을 해내며, 인간을 구하기 위해서 목숨을 내놓기도 한다. 그런 개를 돕자는 저자의 호소에 함께하자. 개는 촉촉한 콧잔등을 내밀며 꼬리를 흔드는 인간에게 가장 좋은 친구가 아닌가.

질 로빈슨(아시아동물재단(Animals Asia Foundation) 설립자 겸 대표)

이 책은 저자가 사람들에게 주는 멋진 선물이다. 사람들은 책을 통해 개를 존중하는 방법을 배우고, 저자는 세상이 개에게 더 좋은 곳이 되도록 힘을 내라고 사람들을 격려한다. 재미있고 정확한 정보로 채워진 이 책은 독자들을 세계 곳곳으로 데려가서 개가 매일 마주하는 세상을 보여 준다. 또한 사람이 어떻게 한 생명의 삶에 변화를 일으킬 수 있는지 생생한 사례를 들려준다. 가슴을 두근거리게 만드는 책이다.

캡틴 신디 마차도(미국 마린 휴메인소사이어티 동물봉사책임자)

개를 도울 수 있는 정보로 가득 찬 책이다. 무엇보다 독자가 읽기 불편한 비관적인 이야기를 담고 있지 않아서 좋다. 많은 사람들에게 인간 곁의 개가 모두 행복하게 사는 것은 아니라는 점을 일깨워 주면서 개한 마리에게 삶의 기적을 줄 수 있는 행동을 하라고 알려 준다. 그리고 그런 기적은 독자의 뒷마당에서부터 세상 어디에서나 가능하다고 말한다.

데브라 프로베(밴쿠버 휴메인소사이어티 대표)

요즘 주머니가 가볍지 않은 사람은 없겠지만 그래도 이 책은 꼭 읽어 보기를 바란다. 이 책은 그 어떤 개에 관한 책보다 훨씬 더 많은 것을 담고 있다. 감동적이면서 읽는 이의 기운을 북돋워 주는 알찬 정보를 제공한다. 개와 관련된 책은 많지만 이 책은 다른 책에서는 미처 깨닫지 못한 빈 공간을 채워 줄 것이다.

《CM 매거진》

개를 어떻게 돌봐야 하는지, 개를 인도적으로 대우하려면 어떻게 활동해야 하는지에 대한 유용한 정보가 다양하게 담겨 있다. 글은 많지 않지만 알찬 정보로 꽉 차 있다. 나와 함께 사는 반려견에 대한 보살핌을 넘어서 더 넓은 세상을 배우기를 원하는 독자들에게 권한다.

《학교도서관저널》

1999년에 나는 국제 동물보호단체 일원으로 지진피해를 입은 페루의 오지로 파견되었다. 우리의 임무는 간단했다. 피해 현장의 개를 돕는 임시 동물병원을 마련하고, 사람들에게 임시 동물병원을 열었음을 알린 후 사람들이 개를 데리고 나타나기를 기다리는 것이었다.

처음 찾아간 마을은 전쟁터 같았다. 수십 채의 집이 무너졌고, 사람들은 임시로 급하게 만든 쉼터인 천막 근처에 모여 있었다. 그들은 우리가 파괴된 마을 한가운데에 차를 주차하는 것을 지켜보고 있었다. 우리는 트럭의 뒷문을 열고 장비를 챙겨 임시 동물병원을 열었다.

사람들은 지진으로 무너진 자신들의 삶을 추스르는 것만으로도 힘이 들어 보였다. 그러니 개의 건강 상태에 대해서는 더군다나 신경 쓸 정신도 없을 터였다. 그래도 우리는 믿고 기다렸다. 그런데 놀랍게도 그리 오랜 시간을 기다리지 않아도 되었다. 사람들이 개를 데리고 속속 임시 동물병원을 찾기 시작했다.

얼마 지나지 않아 이런 종류의 개도 있었나 싶게 정말이지 온갖 다양한 종류의 개들과 함께 사람들이 길게 줄을 섰다. 수의사는 조심스럽게 개를 진료했고, 구충제 처치도 했다. 다행히 심각한 부상은 없었고 살짝 베이거나 긁힌 상처 등 소소한 문제들이 발견되었다. 우리는 길게 늘어선 개를 모두 무사히 치료할 수 있었다.

마을 사람들은 지진 때문에 몸과 마음이 무너지고 여러 가지

고통에 시달리고 있었지만 반려견이 무사한지 알고 싶어 했다. 그 곳의 개와 사람들은 서로에게 소중한 존재임에 분명했다.

　내게도 개는 항상 소중한 존재였다. 부모님께 개를 키우게 해달라고 몇 년이나 조른 끝에 드디어 허락을 받았을 때 너무 기뻐서 믿을 수 없을 정도였다. 열두 살이던 나는 개를 입양하려고 부모님과 함께 유기동물 보호소에 갔다. 계획은 몸집이 작은 개를 데려오는 것이었는데 결국 가족이 된 녀석은 덩치가 큰 저먼셰퍼드

도시의 개는 인간의 도움 없이는 혼자서 먹고 마실 것을 찾기가 어렵다.

와 래브라도리트리버 잡종이었다. 그날 이후 나는 크고 작은 여러 마리의 개와 함께 살았고 그들은 내 인생의 한 부분이 되었다.

아마 개의 품종을 꽤 많이 알고 있는 독자도 있을 것이다. 그리고 양치기개, 안내견, 경찰견, 경비견, 연기견 등 일하는 개에 대해서도 들어보았을 것이다. 하지만 그것으로 개의 삶에 대해 전부 안다고 할 수는 없다. 지금도 사람들은 세계 곳곳에서 다양하게 살아가는 개의 삶의 모습에 대해서 잘 모른다.

세상에는 약 5억 마리의 개가 있고 그들 중 상당수가 집 없이 떠도는 개들이다. 각종 TV 프로그램이나 영화, 광고에서 행복해 보이는 개를 많이 보았을 것이다. 하지만 아직도 개는 과학연구에 실험용으로 이용되고, 동물원에 갇혀 전시되며, 음식과 모피를 위해 길러진다. 하지만 개의 이런 삶을 아는 사람은 많지 않다.

나는 이 책을 통해 많은 사람이 전 세계 곳곳에서 살아가는 수백만 마리의 개들이 처한 현실을 알기를 바란다. 그렇다고 이 책이 개들이 맞닥뜨린 고통과 어려움에 대해서만 이야기하는 것은 아니다. 개를 돕기 위해 일하는 사람들, 작은 모임과 단체에 대한 이야기도 함께 하고 있다. 나는 그들을 '강아지 수호천사'라고 부른다. 그들은 개의 삶에 긍정적인 변화를 일으키는 천사와도 같기 때문이다.

개는 놀라운 동물이다. 우리가 그들에게 필요한 것을 줄 때 그들은 우리가 준 것보다 훨씬 더 많은 것을 아무 조건 없이 우리에게 되돌려 준다. 세상의 모든 개는 존중받아야 하며 사랑과 연민으로 대해야 한다.

지금도 많은 개들이 인간에 의해 부당하게 다뤄지고 고통받고 있다. 이 책을 읽는 독자들이 그들의 수호천사가 되기를 바란다. 꾸준한 작은 실천으로 누구나 개의 수호천사가 될 수 있다. 머뭇거리지 말자. 지금도 세계 곳곳에는 고통받는 개들이 여러분의 따뜻한 손길을 기다리고 있다.

차 례

세계 곳곳에서 개의 삶을 향상시키기 위해 일하는 멋진 사람들과 단체에 감사한다. 그들의 모습은 언제나 내 가슴을 뛰게 한다. 그들의 노력과 지지 덕분에 이 책을 완성할 수 있었다. 그리고 세상의 모든 개에게 고마움을 전한다. 개는 정말 멋진 존재라서 우리의 자비와 존중을 받을 자격이 충분하다.

1장

개에게
밥만 주는 것은 학대

입양하기 전에 알아두어야 할
개에게 필요한 것

개가 건강하고 행복하게 살려면 뭐가 필요할까? 밥만 먹을 수 있으면 될까? 잘 수 있는 집만 있으면 될까? 아니다. 개에게는 밥과 집 이외에도 많은 것이 필요하다. 개는 고도로 발달한 감각기관을 이용하여 세상을 탐색할 수 있어야 하고, 친구가 될 다른 개와 가족이 될 사람이 필요하다. 그래야 개 특유의 행동을 하며 그들과 함께 자연스럽게 살아갈 수 있다.

개의 뛰어난 감각 능력

개는 믿기 어려울 정도로 뛰어난 후각 능력을 지녔다. 개는 킁킁거리며 다른 개의 오줌, 똥, 체취 속의 화학물질에서 온갖 종류의 중요한 정보를 찾아낼 수 있다. 후각을 통해 언제, 누가, 어떤 장소에 있었는지를 알아낼 수 있는 것이다. 냄새에는 모든 동물의 자취가 남겨져 있다. 그래서 개가 먹이를 스스로 구하며 활동적인 포식자로 살던 시절, 후각은 아주 유용한 도구였다.

개의 탁월한 시력은 어둑어둑하거나 깜깜한 조건에서 빛을 발

개에게 인간은 친구일까?

블러드하운드의 후각 능력

개는 뛰어난 후각 능력을 가지고 있다. 인간이 작은 면적에 500만 개의 후각세포를 갖고 있는 반면에 개는 넓은 면적에 2억 개에 가까운 후각세포를 갖고 있기 때문이다. 그중 블러드하운드는 특히 뛰어나다. 블러드하운드의 후각세포는 약 2억 3천만 개로 사람보다 40배나 더 많다. 그래서 며칠 지난 냄새도 아주 먼 거리에서부터 추적할 수 있다. 또한 블러드하운드의 긴 귀를 따라 축 늘어진 얼굴 피부는 냄새 입자를 모으는 데 도움이 된다.

개털로 만든 옷

전 세계 모든 곳에서 개는 다양한 목적을 위해 이용된다. 유럽, 아시아의 일부 지역에서 개털은 코트 등 옷의 장식품으로 사용된다. 그런데 사람들이 개털로 옷을 만든 것을 알면 옷을 구입하지 않기 때문에 때로 개털로 만든 옷이 아닌 것처럼 속여서 판매한다. 그래서 사람들은 자기가 입은 옷의 털이 개털인지도 모른 채 입고 다닌다. 미국, 독일 등 유럽의 많은 나라가 개털과 고양이털로 만든 옷의 수입과 판매를 금지했지만 아직도 많은 나라는 이를 허용하고 있다.

한다. 나는 언젠가 깜깜한 동굴 속에서 총총걸음으로 돌아다니는 개 한 마리를 만난 적이 있다. 내 눈에는 아무것도 보이지 않는데 그 개는 마치 햇빛 찬란한 날처럼 거리낌 없이 동굴 속을 돌아다니고 있었다.

개는 또한 꼬리를 흔들거나 털을 세우거나 입술을 움찔거리는 등의 몸짓 신호에도 민감하다. 몸짓 신호는 개가 의사소통을 하는 주된 방식 중 하나이기 때문에 개는 상대방의 몸짓 변화를 잘 파악한다.

개는 청력도 뛰어나다. 인간이 듣지 못하는 많은 소리가 개에게는 마치 종소리처럼 선명하게 들린다. 개는 컹컹 짖기만 하는 것이 아니라 으르렁거리기, 낑낑거리기, 훌쩍이기, '우우' 하며 우는 소리를 내고 그 소리에 익숙하다. 개는 원래 사냥꾼이었다. 예민한 청력은 먹잇감이 어디에 있는지 찾아내는 데 도움이 될 뿐 아니라 방어하는 데에도 도움이 된다. 눈에 보이지 않는 위험이 다가오는 소리를 들을 수 있기 때문이다.

이처럼 뛰어난 감각과 더불어 개는 매우 높은 지능을 지녔다. 오스트레일리아의 양치기개처럼 소나 양을 모는 개는 각종 대회에서 요구하는 굉장히 복잡한 과제를 손쉽게 해결한다. 다른 많은 개들도 양치기개만큼 똑똑하다.

　모든 개는 호기심이 왕성하고 활동적이다. 심지어 나이가 많이 든 개도 마찬가지이다. 개도 나이가 들면 사람이 늙는 것처럼 다소 느려지지만 단지 그뿐 젊은 개처럼 여전히 활동적으로 움직일 수 있다. 개 운동장(dog park, 목줄을 푼 채 개가 맘껏 뛰놀 수 있도록 도심에 마련된 공간)만 가 봐도 모든 연령대의 개들이 함께 달리고 뛰노는 모습을 볼 수 있다.

　개는 천성적으로 무리를 짓고 가족과 함께 살아간다. 개는 동반자를 필요로 하는 매우 사회적인 동물이기 때문에 혼자 놔두어서는 안 된다. 이런 사회적 특성은 어떻게 개가 사람의 멋진 가족 구성원이 되었는지에 대한 답이 된다.

개에게 필요한 것

가족

　개는 혼자 남겨져 있거나 줄에 매여 있으면 지겨움과 외로움을

느낀다. 이런 경우에는 비정상적인 행동을 하거나 공격적으로 변할 수도 있다. 무리 생활을 하는 개에게는 언제나 함께할 수 있는 친구, 가족, 동반자가 필요하다. 개에게 가족은 없어서는 안 되는 중요한 요소이므로 개를 입양했다면 가능한 한 많은 시간을 함께 보내야 한다. 그래야만 그들의 삶이 행복하고 즐겁다.

산책, 운동, 놀이

규칙적으로 산책하고 달리고 운동하고 노는 시간은 개의 건강을 유지하는 데 필수이다. 이런 시간이 없으면 지루함에 비만이 되거나 공격적으로 변할 수도 있다. 매일 규칙적으로 운동을 시키거나 공원에 가서 함께 걷거나 원반이나 공을 던지며 놀아 준다. 함께 하는 산책은 개의 건강에도 좋고, 행복감도 높여 준다.

편안한 집

개에게도 사람처럼 쉴 수 있고, 안전하게 보호받는다고 느낄 수 있는 집이 필요하다. 마당에 있는 개집에 홀로 묶어 두거나 우리에 가둔 채 여름의 더위와 겨울의 추위를 견디게 해서는 안 된다.

좋은 밥과 깨끗한 물

밥과 물은 모든 생명이 살아가는 데 필수이다. 개가 건강하려면 매일 영양 많은 밥과 깨끗한 물을 마실 수 있어야 한다. 개의 밥은 판매되는 사료, 직접 만드는 밥 등 상황에 맞게 주면 된다. 원한다면 채식으로 식단을 짤 수도 있다.

정성어린 보살핌

가족의 일원으로 받아들였다면 개의 건강을 위해 최선을 다해야 한다. 규칙적으로 씻기고, 이빨 관리를 하고, 발톱을 다듬어준다. 규칙적으로 예방접종과 건강검진을 받는다면 질병을 예방해서 건강하게 오래 살 수 있다.

개에게 인간은 친구일까?

개의 종류

개의 학명은 카니스 파밀리아리스(Canis familiaris)로 현재의 모든 개는 카니스 파밀리아리스라는 한 종(생명분류의 기본 단위로 같은 개체 사이에서는 교배를 통해 후손이 태어날 수 있다)에서 나왔다. 현재 개의 품종은 자그마한 치와와부터 거대한 아이리시울프하운드까지 수백 종에 달하며, 동물 중에서 가장 품종이 많다. 하지만 이런 다양한 품종은 최근 200년 동안 인간에 의해 인위적으로 품종이 개량된 것으로, 2012년 미국 《국립과학원회보》에는 개의 DNA가 너무 뒤섞여서 개의 기원을 찾기가 불가능하다는 내용의 논문이 실렸다.

강아지 수호천사

'유기동물의 날',
'중성화수술의 날'을 이끌어 내다

동물에 관심이 많은 카일라 레바세어는 로드아일랜드 동물학대방지협회(SPCA)에서 청소년 자원봉사자로 활동했다. 봉사 내용은 주로 유기동물 보호소의 개를 산책시키고 고양이와 놀아 주는 것이었다.

카일라는 봉사활동을 하면서 보호소의 동물들에게 새로운 가족을 찾아주려면 더 많은 사람에게 유기동물에 대해 알려야 한다고 생각했다. 그래서 입양 가능한 동물들을 소개하는 자료를 만들어 신문사와 TV 기자들에게 보내 이 문제에 관심을 가져줄 것을 요구했다.

또한 시장도 만났고 도지사도 만났다. 카일라와 대화를 나눈 도지사 카르시에리는 2006년 8월 19일을 '전국 유기동물의 날'로 선언했다. 2007년 미국의 동물보호단체 휴메인소사이어티는 카일라를 '동물에게 친절한 올해의 청소년'으로 선정했다. 2008년에 카일라는 도지사 카르시에리를 다시 만났고 2월 26일을 로드아일랜드의 '중성화수술(암컷의 난소자궁제거수술과 수컷의 고환제거수술. 이를 통해 유기동물의 수를 줄일 수 있다)의 날'로 선언하도록 이끌었다.

카일라는 유기동물 입양과 중성화를 통해 유기동물의 수를 줄이는 데 앞장섰다.

2장

사지 말고 입양하자

강아지 공장의 비밀

5억 마리의 개는 어디서 올까?

개는 우리 주변 어디에서나 쉽게 찾을 수 있다. 그러나 개가 세상에 얼마나 많은지는 정확하게 알기가 어렵다. 현재 전 세계에 대략 5억 마리의 개가 살고 있는 것으로 추정하고 있다.

🐾 미국 : 4천~7천만 마리
🐾 영국 : 8백만 마리
🐾 일본 : 1천3백만 마리
🐾 중국 : 2천3백만 마리

많은 유기동물은 새로운 가족을 기다리고 있다.

그렇다면 이 많은 개가 다 어디에서 오는 것일까? 현재 일반 가정집에서 사람들과 함께 사는 반려견, 경비견 등 일하는 개들은 대체로 개를 전문적으로 번식시키는 사람에게서 사온 것일 확률이 높다. 물론 집에서 키우는 개를 중성화수술을 시키지 않아 임신시킨 후 새끼를 낳게 해서 주변 사람들에게 주거나 파는 일반 개인도 개의 주요 공급원이라 할 수 있다.

반려견을 입양하려고 마음먹었다면 개를 데리고 올 곳은 많다. 유기동물 보호소나 유기동물 구조단체에는 언제나 사람 가

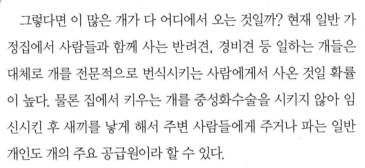

집 없는 개
현재 전 세계에 살고 있는 개 중 약 45퍼센트만이 사람과 함께 살고, 나머지 개들은 자유롭게 돌아다니며 산다. 자유롭게 살면서 사람들에게 먹을 것을 의존하기도 하지만 가고 싶은 곳이면 어디든 스스로 찾아나선다. 도시에서도 자유롭게 다니며 사는 개를 허용하는 나라도 있다. 집 없는 개들은 먹을 것이 있는지, 편안하게 쉴 곳이 있는지, 날씨가 개가 살기에 적합한지, 어떤 질병이 유행하는지, 사람을 잘 따르는지 등의 경우에 따라 수가 늘었다 줄었다 한다.

족을 찾는 개들이 기다리고 있다. 물론 돈을 주고 개를 살 수 있는 곳도 많다. 펫숍이나 동물병원에서도 개를 팔고, 반려동물 관련 박람회나 전시 공연장에서 개를 팔기도 한다. 신문 광고를 통해서 개를 사기도 하고, 최근에는 인터넷을 통해서 쉽게 구할 수도 있다. 개를 전문적으로 번식시키는 브리더에게서 개를 살 수도 있다. 2006년 미국에서는 개를 브리더에게서 29퍼센트, 펫숍에서 15퍼센트가 샀고, 나머지는 여러 다른 방법을 통해서 개를 입양했다.

반려견을 입양하는 방법은 여러 가지이다. 하지만 어떤 방법이 개에게 좋은지 생각해 봐야 한다. 개를 학대하면서 번식하는 곳

전체 5억 마리의 개 중 약 45퍼센트만이 사람과 살고, 나머지 개들은 자유롭게 돌아다니며 산다.

에서 개를 데리고 온다면 그것은 개를 학대하는 일에 일조하는 것이 될 수 있다. 문제가 되는 곳을 꼼꼼하게 살펴보자.

끔찍한 동물학대의 현장, 강아지 공장

만약 펫숍에서 개를 샀다면 그 개는 강아지 공장(puppy mill)에서 왔을 확률이 높다. 강아지 공장은 팔기 위해서 개를 대량으로 생산하는 곳으로 동물복지에 대한 고려가 전혀 없으며 단지 돈을 벌기 위해서만 개를 번식한다.

강아지 공장에는 새끼 개뿐만 아니라 다 큰 개도 있다. 부모 개들은 새끼를 끊임없이 낳다가 병이 들어서 쓸모없어진 후에야 우리에서 벗어날 수 있다.

강아지 공장은 최대한 싼 방법으로 강아지를 많이 생산하는 것이 목적이기 때문에 대체로 비좁고 형편없는 우리에 개를 가둔다. 또한 비좁은 우리가 몇 단으로 층층이 쌓여 있다.

아프거나 다쳐도 병원에 데려가서 수의사에게 진료를 받는 일이 거의 없어 부상, 질병, 기생충 감염 등이 치료되지 않고 그대로 방치된다. 아무도 우리를 청소하지 않아 불결한 환경으로 인해 면역력이 떨어지는 강아지들이 심각한 병에 걸리기도 한다. 피부가 연약한 강아지들이 철제, 나무, 오물로 가득한 우리 속에서 지내면 피부와 발에 염증이 생기거나 찰과상을 입는다.

강아지 공장은 강아지를 끊임없이 생산하고 팔아서 돈을 번다.

우리가 실내에 있다면 그곳에 갇혀 있는 동안 신선한 공기나 햇살을 절대로 만날 수 없다. 반대로 우리가 야

외에 있다면 여름의 혹독한 더위와 겨울의 얼어붙을 듯한 추위에 그대로 노출되어 고통받게 된다.

강아지 공장에서 태어난 강아지들은 안타깝게도 새끼 시절에 배워야 할 것들을 하나도 배우지 못한다. 강아지들은 어미를 통해 살아가는 데 필요한 많은 것을 배워야 하는데, 강아지 공장에서는 어미에게서 새끼를 너무 일찍 떼어낸다. 조금 더 어리고 귀여워 보일 때 팔아야 비싸게 팔 수 있기 때문이다.

또한 다른 강아지들과 어울리는 사회생활을 통해 사회성을 키

강아지 공장의 강아지. 우리 속에 갇혀 사는 것은 강아지에게 많은 문제를 일으킨다.

미국에만 4천 개의 강아지 공장이 있다

강아지 공장은 많은 나라에 있다. 예를 들어 캐나다 퀘벡 주에는 강아지 공장이 2천2백여 개 있어서, 이곳에서 생산된 개가 도매상이나 경매장을 거쳐 펫숍 등에서 팔린다. 미국에는 강아지 공장이 약 4천 개 있으며, 이곳에서 해마다 50만 마리의 강아지가 생산된다.

우며 자라야 하는데, 우리에 갇혀 지내기 때문에 강아지 공장의 새끼는 올바르게 성장할 기회를 잃는다. 그래서 다른 개, 사람과 좋은 관계를 맺으며 함께 사는 방법을 배우지 못한다. 심한 경우에는 행동장애가 생겨서 과도하게 겁을 먹거나 폭력적으로 변할 수 있다.

강아지 공장에서 가장 비참한 생활을 하는 것은 번식용 부모 개들이다. 갓 태어난 강아지들은 팔리기 위해서 경매장, 펫숍 등으로 떠날 날이 오지만, 번식용 부모 개들은 그럴 기회조차 없다. 번식용 개들은 강아지 공장에 계속 남아 몸이 망가져서 더 이상

강아지에게는 어미가 필요하다. 그런데 강아지 공장에서는 어미와 강아지를 다른 우리에 가둔다.

강아지 공장의 개들은 전혀 보살핌을 받지 못한다. 더럽게 뭉쳐진 털로 뒤덮인 개들.

강아지 공장의 모습. 개들은 이렇게 형편없는 환경에서 고통스럽게 살고 있다.

견딜 수 없을 때까지 끊임없이 강아지를 생산하도록 강요받는다. 계속해서 강아지를 낳던 암컷이나 끊임없이 교배를 하던 수컷이 늙거나 병이 들면 결국 죽임을 당하게 되고(한국의 경우 식용으로 팔리기도 한다.), 또 다른 개가 그 자리를 대신한다.

　강아지 공장을 없애는 가장 좋은 방법은 사람들이 개를 사지 않고 유기견을 입양하는 것이다. 펫숍이나 동물병원, 인터넷 등 여러 경로를 통해서 사는 강아지는 대부분 강아지 공장에서 오기 때문이다. 강아지 공장에서 직접 오는 것이 아니더라도 경매장 등 몇 단계의 유통과정을 거쳐서 오는 것이다. 그러므로 반려견을 입양하려면 유기동물 보호소나 동물보호단체가 운영하는 곳에 가서 개를 입양하는 것이 가장 좋은 선택이다. 그곳에서도 얼마든지 우리 가족과 딱 맞는 사랑스럽고 성격 좋은 반려견을 만날 수 있다. 그러니 사지 말고 입양하자.

좋은 브리더 vs 나쁜 브리더

　유기동물 보호소나 동물보호단체에서 개를 입양하는 것이 가장 좋은 방법이지만 여전히 전문가라고 여겨지는 브리더(breeder,

책임 있는 브리더들은 1년에 한 번 이상 강아지를 생산하지 않고, 강아지에게 좋은 가족을 찾아주기 위해 노력한다.

강아지들은 젖을 떼기 전까지 어미와 함께 지내야 하지만 나쁜 브리더는 젖도 떼기 전에 귀여운 모습일 때 강아지를 경매장에 내다 판다.

개를 전문적으로 키우고 분양하는 일을 하는 사람)에게서 개를 데려오기를 고집하는 사람들이 있다. 굳이 브리더에게서 개를 데려오겠다면 좋은 곳과 나쁜 곳을 구별할 줄 알아야 한다.

무엇보다 브리더의 집을 방문하는 것이 가장 중요하다. 개가 어떻게 길러지는지 반드시 눈으로 확인해야 한다. 나쁜 환경에서 돈을 벌 목적으로 개를 학대하며 키우는 곳은 방문을 꺼리기 때문이다. 개는 놀 수 있는 넓은 공간이 있는 곳에서 청결하게 길러져야 한다. 예방접종은 되어 있는지, 중성화수술은 시켰는지도 확인해야 한다. 강아지가 어미와 떨어져서 다른 우리에 갇혀 있다면 그곳은 좋은 곳이 아니다. 브리더를 만났다면 입양할 강아지만 보지 말고 강아지의 어미도 꼭 확인해야 한다. 어미가 1년에 몇 번 새끼를 낳는지도 확인한다. 1년에 한 번 이상 강아지를 낳게 하는 곳은 믿을 수 없는 곳이다.

　좋은 브리더라면 입양하는 개가 어떤 환경에서 살지, 산책은 자주 시켜 줄지, 즐겁게 뛰놀 곳은 있는지, 가족 구성원은 어떻게 되는지 등 개가 어떤 삶을 살게 될지에 대해 꼬치꼬치 물을 것이

좋은 환경에서 좋은 것을 먹이고 신선한 공기를 맡으며 운동을 시키는 좋은 브리더도 간혹 있다.

다. 신청서를 작성하라고 요구하는 곳도 있다. 신청서가 통과되면 개를 데려갈 집을 방문하겠다고 하는 브리더도 있다. 개가 평생 살 환경을 확인하고 반려인이 책임감이 있는 사람인지 확인하려는 것이다.

만약 브리더가 특정 품종의 개만 다룬다면 조금 더 믿을 수 있다. 하지만 서로 다른 품종을 여럿 구비하고 있다면 좋은 브리더가 아니라 강아지 공장의 번식업자일 가능성이 높다.

보호소나 동물보호단체가 아니라 브리더에게 개를 입양하려면 주의를 기울여서 많은 것을 물어보고 꼼꼼하게 확인해야 한다. 세상에는 사람들을 속여서 고통받는 개들을 파는 사람들이 많고 책임감 있는 브리더는 그리 많지 않기 때문이다. 눈과 코, 귀를 예민하게 열고 만나고 있는 사람이 어떤 종류의 번식업자인지 파악해야 한다. 그래야 강아지 공장을 통해서 돈을 버는 사람들이 줄어들어 고통받는 개를 조금이라도 줄일 수 있다.

하이브리드 도그, 디자이너 도그, 잡종견

서로 다른 품종의 특성이 함께 나타날 수 있도록 번식시킨 개를 하이브리드 도그(hybrid dog), 디자이너 도그(designer dog)라고 하는데, 이런 개들은 강아지 공장에서도 생산된다. 가장 인기 있는 하이브리드 도그는 코커스패니얼과 푸들을 교배한 코카푸, 래브라도리트리버와 푸들을 교배한 래브라두들이다. 이외에도 다양한 하이브리드 도그가 있다. 바셋하운드와 불도그를 교배한 불리바셋, 비숑프리제와 토이폭스테리어를 교배한 포숑도 생산된다.

이런 개들은 예전에 잡종견, 믹스견, 똥개로 불리다가 최근에 하이브리드 도그라고 불리고 있다. 결국 같은 것이다. 그저 이국적인 이름을 붙여 놓고 높은 가격에 파는 것이다. 그런데 사람들은 보호소에 있는 코커스패니얼과 푸들의 잡종견은 입양하지 않으면서 코카푸는 비싼 돈을 주고 산다. 이는 윤리성을 잃은 소비문화와 반려견이 생명체라는 것을 망각한 생명경시 풍조의 슬픈 자화상이다. 세상에 단 하나밖에 없는 특별한 종이란 바로 나와 사랑을 나누는 내 곁의 반려견이다.

강아지 수호천사

강아지 공장의 진실을 세상에 알리다

모운 리델은 열 살 때 걸스카우트 활동 중 하나로 유기동물 보호소에 견학을 갔다. 그곳에서 모운은 얼마나 많은 유기동물, 특히 나이 든 개들이 입양될 가정을 필요로 하는지 알게 되었다. 보호소 직원은 모운에게 보호소의 수많은 개들이 강아지 공장에서 생산된다는 이야기를 들려주었다. 그날 이후 모운은 펫숍을 찾아가 그곳에서 파는 강아지가 어디서 오는지 물어보았다. 펫숍 주인은 전국 각지의 강아지 공장에서 태어난 강아지들이 경매를 통해서 가게로 온다고 답했다.

모운은 사람들이 펫숍이나 대량으로 강아지를 생산하는 브리더가 아니라 보호소에서 반려견을 입양한다면 얼마나 좋을까 생각했다. 그렇게만 된다면 보호소에서 외롭게 가족을 기다리는 동물이 줄어들 거라는 생각이 들었다. 펫숍에서 보호소 개의 입양을 돕지 않고 강아지 공장의 개를 팔아 마음이 아팠다.

모운은 이것이 지역적인 문제일 뿐아니라 전국적인 문제임을 알고 친구 매켄지 데이비스에게 도움을 청했다. 두 소녀는 강아지 공장에 대한 경각심을 높이기 위해 탄원 운동을 시작했다. 탄원 운동을 시작한 지 얼마 되지 않아 엄청난 수의 서명이 모이기 시작했고, 두 소녀는 지금도 꾸준히 이 일을 하고 있다.

사람들에게 강아지 공장의 진실을 알린 모운과 매켄지.

3장

길 위의 삶

유기견의 개체수를 조절하라

더운 지역에 사는 길거리 개들은 아침과 저녁에 활동적으로 움직이고 낮에는 쉰다.

자유롭지만 고달픈 삶

　복잡한 도시의 골목길이나 한적한 시골길 어디에서나 자유로이 돌아다니는 개를 만날 수 있다. 거리를 돌아다니는 개들 중 일부는 밖에서 자유롭게 다닐 수 있도록 내버려두는 주인이 있는 경우도 있지만 대부분 주인 없이 자유롭게 살아가는 개들이다. 세상의 개 중에는 이렇게 길 위에서 살아가는 개들이 있다.

　길거리 개들은 버려진 건물, 공터, 공사장 등 쉴 수 있는 공간과 먹을 것을 구할 수만 있다면 어느 곳에서든 살아간다. 뒷골목을

미국의 길거리 개

미국에 길거리 개가 얼마나 많은지를 정확하게 아는 사람은 없다. 디트로이트 개 구조단에 따르면, 디트로이트 시에만 5만 마리의 길거리 개들이 거리와 공터를 배회하고 있다고 추정한다. 캘리포니아 주의 로스앤젤레스 시에도 길거리 개의 개체수가 매우 많다.

어슬렁거리고, 쓰레기통을 넘어뜨려 상자와 봉투를 갈기갈기 찢으며 먹을 것을 찾아 헤맨다. 때로는 새, 쥐 등 작은 동물을 사냥하기도 한다. 운이 좋으면 친절한 사람에게서 먹을 것을 얻기도 한다. 길거리 개들은 시골에도 있다. 숲속이나 농장 지대 근처에 쉼터를 마련하고 쓰레기 더미에서 먹을 것을 구하면서 살아간다.

　어린 강아지들은 길거리에서 살아남기가 어렵다. 부족한 먹이, 다른 개들의 공격, 너무 춥거나 더운 날씨 때문에 많은 길거리 강아지들이 살아남지 못하고 죽는다. 불결한 환경과 영양가 없는

중성화하여 풀어 주는 ABC 프로그램

길거리 개가 많은 지역에서는 개를 잡아서 중성화수술을 시행한 뒤 풀어 주는 ABC (Animal Birth Control, 동물출산관리) 프로그램을 운영하고 있다. 이런 방법을 사용하지 않고 길거리 개들을 무작위로 잡아서 없앤다고 개가 거리에서 사라질까? 그렇지 않다. 주변 지역의 새로운 개들이 개가 사라진 곳으로 옮겨오기 때문에 길거리 동물을 무조건 죽여서 없애는 것은 인도적이지도 않지만 효율적이지도 않다. 그런 방법으로는 개의 숫자가 절대로 줄지 않는다. 하지만 개들을 중성화시켜서 풀어 주면 풀어 준 개들은 새끼를 낳을 수 없으므로 개체수가 늘지 않고, 새로운 개들은 그 지역으로 들어올 수 없기 때문에 개의 개체수는 점차 줄어든다.

음식, 거리를 질주하는 차는 강아지는 물론 어른 개에게도 큰 위협이다.

그래서 길거리 개들의 삶은 짧게 끝날 때가 많다. 사람들이 길거리 개를 유해동물로 보거나 질병을 옮긴다고 여겨서 쫓아내거나 죽여 버리기도 하기 때문에 오래 살기 힘들다.

그러나 모든 길거리 개들이 나쁜 대우를 받으며 사는 것은 아니다. 인도의 뭄바이 시를 비롯한 세계 여러 도시에서는 길거리 개들이 사람들에게 사랑받으며 건강하고 자유롭게 지내기도 한

파리아 품종의 개는 아시아 지역의 길거리 개에서 많이 보이지만 아프리카, 중동, 북아메리카 지역에서도 발견되는 등 세계적으로 분포되어 있다.

파리아

인도의 길거리 개 중 가장 많은 품종은 파리아이다. 파리아는 인도의 고대 품종으로 인도개, 들개, 원시 개라고도 한다. 파리아는 '국외자' 또는 '추방된 자'라는 뜻으로 인도에서 사람들의 눈에 이 개가 어떻게 비춰지는지를 보여 주는 이름이다. 파리아는 적응력이 뛰어나고 지적인 개로 알려져 있다.

다. 인도의 도시 방갈로르에 가면 재미난 풍경을 볼 수 있는데 길
거리 개들이 매일 저녁마다 한 사탕가게 앞에 모여서 하루치 사탕
을 기부받는다. 개들도 단것을 좋아한다!

강아지 수호천사

길거리 개들의 개체수를 조절하라

얀나 아가월은 열다섯 살 때 가족과 함께 떠난 인도여행에서
길거리 개들을 수없이 보았다. 그곳의 개들은 병에 걸려 괴로워
하거나 부러진 다리를 질질 끌며 다니고 있었다. 그런데 누구도
그들을 돕거나 관심을 갖지 않는 모습에 충격을 받았다.

미국으로 돌아온 얀나는 동물복지에 대한 책을 읽기 시작했고
인도의 개를 돕기 위한 기금마련 행사를 조직하기 시작했다. 그
리고 얀나는 스폿(SPOT, Stop Pet Overpopulation Together(지구의 반
려동물 개체수 과잉을 함께 막아요)) 글로벌리(Globally)를 설립했다. 이
단체는 인도를 비롯한 많은 나라의 길거리 개들에게 중성화수술
과 예방접종을 시키고, 집 없는 개에게 음식과 보살핌을 제공하
는 것을 목표로 하는데, 세계 12개국에서
동물보호 문제에 관심이 있는 10대 청소년
들이 모여서 네트워크가 결성되었다.

전 세계 길거리 개들을 돕고 개의 개체수
를 줄여 나가는 것을 목표로 삼고 있는 스
폿 글로벌리는 자신들의 목표를 실현하기
위해서는 교육이 중요함을 인식했다. 그래
서 개에 대한 학대와 방치의 근본적인 원인

에 대처하기 위해 아시아와 미국에서 교육 프로그램을 시작했다. 또한 10세 내외의 학생을 대상으로 동물복지 문제에 초점을 맞춘 '발과 발톱(Paws and Claws)' 여름 캠프도 운영하고 있다.

중성화수술과 교육으로 개의 개체수를 줄인다

미국, 일본 등 선진국의 경우 많은 개가 반려동물로 키워지지만 이곳에도 길거리 개들이 있다. 그래서 자유롭게 돌아다니는 개의 개체수를 줄이고 더 이상의 강아지가 생산되는 것을 예방하기 위해 중성화수술을 시행하고 있다. 또한 사람들에게 개를 책임감 있게 돌보는 방법도 교육하고 있다. 사람들이 키우던 개를 계속 버린다면 길거리 개의 개체수는 계속 늘어날 것이기 때문이다. 또한 길거리 개는 영양실조나 병을 앓을 확률이 높기 때문에 반드시 개체수를 줄여야 한다.

4장

나쁜 일자리로 내몰린 개

실험견, 투견, 경견, 개썰매

공항이나 항만의 수화물에서 불법 품목을 찾아내는 일을 하는 탐지견.

다양해진 개의 직업

개는 인간과 함께 살기 시작한 순간부터 직업을 갖게 되었다. 음식 찌꺼기를 얻으려고 인간 주위를 맴돌던 개들은 위험이 다가옴을 짖어서 인간에게 알려 주는 경비견 역할을 했다. 또한 사냥을 도왔고 인간이 기르는 양, 소 등 가축을 지키고 모는 일을 했다.

시간이 흘러 현재는 훨씬 복잡한 일을 맡아서 하고 있다. 공항에서 약물, 폭발물을 찾아내는 일을 하는 탐지견, 눈사태에 깔려 묻혀 버린 사람들을 찾아내는 구조견, 재해 지역에서 사람의 사체 조각을 찾아내는 시체 탐지견으로도 일한다. 치료견은 병원을 방문하여 환자의 기운을 북돋고, 안내견 등의 도우미견은 시각과 청각 장애인은 물론 다양한 장애를 지닌 사람들을 돕는다. 카렐리언베어도그는 곰을 쫓는 용감한 사냥개로 사람과 곰 사이의 충돌을 예방하는 역할을 하며, 양치기개 등 목장을 지키는 개들은 전 세계

인간의 오랜 친구, 개

개는 매우 긴 시간 동안 사람과 함께 살아왔다. 개의 머리뼈가 3만 년 전 선사시대 사람들이 살던 동굴에서 발견되었다는 것은 그때도 사람의 곁에 개가 있었다는 것을 의미한다. 독일에서는 약 1만 4천 년 전 무덤에서 사람과 개의 뼈가 함께 발견되었고, 미국 유타 주의 유적지인 데인저동굴(Danger Cave)에서는 약 1만 1천 년 전의 개 무덤이 발견되었다.

여러 목장과 농장에서 일한다.

이렇게 다양한 일을 하는 개들은 좋은 대우와 보살핌을 받는다면 기꺼이 즐겁게 인간을 도우며 살아갈 것이다. 하지만 그렇지 않은 경우도 많다.

경견 선수로 뛰는 그레이하운드

승부를 다투는 경견 경기가 시작되면 그레이하운드의 근육들이 물결치며 미끄러지듯 바람처럼 빠르게 경기장을 가로지른다. 그레이하운드는 마치 중력에 도전하듯 전속력으로 달려 나간다. 경주를 지켜보는 관람객들은 열광하고, 그들의 모습에 흥분한다.

그러나 많은 동물보호단체는 경견장에서 벌어지는 개의 경주가 개에게는 전혀 즐거운 일이 아니며 위험한 일이 될 수 있다고 경고한다. 그레이하운드는 더 빨리 달릴 수 있도록 인위적으로 품종이 개량되었다. 그래서 경기를 시작한 지 단 몇 초 만에 시속 65킬로미터의 속도로 달릴 수 있지만 그만큼 부상에 노출되어 있다. 최고 속력으로 경기장을 달리는 것은 개에게 엄청난 스트레스

경견장의 그레이하운드.

를 주기 때문에 근육이 찢어지거나 뼈가 부러지고, 심지어 심장마비가 오기도 한다. 그래서 부상을 줄이기 위해 몇몇 경기장은 트랙 표면을 단단한 소재에서 부드러운 소재로 교체하는 등의 조처를 취하고 있지만 사고 위험을 완전히 피할 수는 없다.

　동물보호단체는 속도만 문제 삼지 않는다. 그보다 더 중요한 문제가 있다. 경견 선수로 뛰는 그레이하운드의 선수 생명은 생각보다 짧다. 훈련이나 경기 중에 부상을 입거나 나이가 들어서 속도가 느려지면 바로 살처분되고, 경주를 위해 새로운 개들이 정기적으로 생산되어 문제가 생기면 미련 없이 바로 살처분되기 때문이다.

　그레이하운드 보호 단체들의 조사에 따르면 상업적인 경견장 한 곳을 운영하려면 그레이하운드가 천 마리 정도 필요하다. 다시 말해 경견 선수를 공급하기 위해 어디에선가 그레

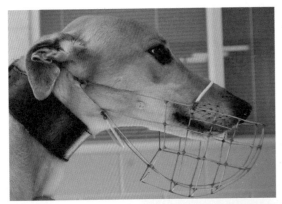

경주를 하는 동안 개들끼리 서로 물어뜯는 것을 방지하기 위해 입마개를 씌운다.

경견 선수로 뛰는 그레이하운드는 경주 이외의 시간에는 대부분 우리에 갇혀 지낸다.

이하운드가 대량으로 생산되어야 한다는 것이다. 경견 선수용 그레
이하운드는 대부분 사람 눈에 띄지 않는 곳의 작은 우리에 가둬져
생산되고 있을 것이고, 일반인들은 그들이 어떤 환경에서 태어나
살고 있는지 결코 알 수 없다.

그레이하운드 입양하기

경견 선수에서 은퇴한 그레이하운드는 멋진 반려견이
될 수 있다. 그레이하운드는 유전적 질병이 많지 않아서
건강하게 오래 살 수 있다. 비록 경견 선수로 일하는 동안
얻은 부상이 있을 수 있지만 가족의 보살핌을 받으며 고쳐
나가면 된다. 그레이하운드 구조 단체들은 전직 달리기 선수
들에게 사랑이 가득한 가정을 찾아주려고 노력하고 있다. 힘
든 노동을 마친 그레이하운드와 가족이 되고 싶다면 그레이하
운드 구조 단체를 찾아보자. 만약 구조 단체가 없다면 관심을
갖고 구조 단체가 생길 수 있도록 노력한다.

경견에 대한 부정적인 시각이 많아지면서 다행스럽게도 미국에서는 경견산업이 쇠퇴하고 있다. 메인, 네바다, 펜실베이니아, 매사추세츠 주 등에서 경견을 법적으로 금지했고, 해마다 점점 더 많은 경기장이 문을 닫고 있다. 하지만 몇몇 나라에서는 여전히 개를 이용한 경주가 인기를 얻고 있다.

그레이하운드는 공격 성향이 적고, 사람을 잘 따르기 때문에 훌륭한 반려견이 될 수 있다. 미국의 개 보호단체들은 경견 선수로 뛰었던 그레이하운드 중 약 60퍼센트를 입양시켰다. 하지만 여전히 경주에 혹사당하고 있는 개들이 많으므로 계속 관심을 가져야 한다.

투견으로 돈을 버는 사람들

사람들은 돈을 벌기 위해서 개에게 싸움을 붙인다. 투견은 도박의 일종으로 개에게 싸움을 붙이고 그 결과에 따라 돈을 번다. 투견을 마친 개들은 살이 베이고, 이빨에 물리고, 귀가 찢겨 나가고, 다리가 부러지는 등의 상처를 입는다. 상대편 개가 더 이상 싸우기를 거부하거나 너무 많이 다쳐서 싸울 수 없는 지경이 되어야 경기가 끝나고 승자가 결정된다. 미국의 동물보호단체인 휴메인소사이어티에 따르면 현재 미국에는 약 4만 마리의 투견이 있다.

투견에 반대하는 스포츠 스타

마이클 빅은 미국 프로 미식축구 스타로 배드뉴즈케널스라는 투견 사업장을 운영했다. 2007년 7월, 빅은 투견 사업 자금을 대고, 투견에 직접 참여하고, 불필요해진 개들을 죽인 혐의로 기소되었다. 그는 법원으로부터 징역 23개월과 투견장에서 몰수한 개들을 보살피는 데 필요한 관리비 약 100만 달러를 지불하라는 명령을 받았다.

형을 다 마친 마이클 빅은 현재 투견에 반대하는 캠페인에 참여하고 있다. 동물보호단체인 휴메인소사이어티와 함께 어린이들에게 투견이 얼마나 잔인한 일이고, 왜 투견에 참여하면 안 되는지에 대해 알리고 있다.

죽음의 개썰매 경주

알래스카에서 열리는 장거리 개썰매 경주인 아이디타로드는 세계에서 가장 유명한 개 경주로 총 거리가 1,850킬로미터나 된다. 매년 썰매개 몰이꾼 한 명과 썰매개 12~16마리로 이루어진 팀이 경주에 참가한다. 아이디타로드를 제외하면 대부분의 개썰매 경주는 8~16킬로미터 정도를 달린다.

썰매를 끄는 것, 특히 먼 거리를 달리는 것은 개에게 힘든 일이다. 경주에 참가하는 썰매개들은 피로에 시달리며 발에 부상을 입어 절룩거리기도 하고, 동상을 입거나 썰매를 메는 부분의 피부

썰매개에게도 좋은 보금자리와 올바른 보살핌이 필요하다.

썰매개들은 경주나 훈련이 없을 때에는 대부분 줄에 묶여 지낸다.

가 심하게 쓸려서 고통을 겪는다.

특히 아이디타로드는 부상과 죽음이 뒤따르는 경주이다. 수의사들이 경기 전 구간을 따라다니며 27개의 점검소에서 개들을 검진하지만 경주에 참가한 개들의 부상과 죽음은 끊이지 않는다. 동물 보호단체의 조사에 따르면 해마다 경주에 참가하는 1천 마리의 개 중에 평균 세 마리가 죽는다. 2009년 대회에서는 여섯 마리가 대회 도중에 죽었다.

다른 썰매개 대회보다 비교적 선수견에 대한 관리가 잘 되어 있는 편인 아이디타로드가 이 정도이니 규모가 작거나 전문적이지 않은 썰매개 경주는 더 많은 문제점을 안고 있다. 그래서 동물보호단체는 썰매개 경주를 폐지하라고 목소리를 모으고 있다.

썰매개들의 사육 환경에도 문제가 있다. 썰매개들은 훈련을 하거나 경주에 참여하지 않을 때 어떻게 지낼까? 많은 썰매개들이 나무판자로 만든 상자 속에 짧은 줄로 묶여 있거나 심지어 상자조차 없는 상태로 외부에 노출된 채 줄에 매여 지낸다. 대부분의 나라에는 썰매개 관리에 관한 제재 법안이 없기 때문에 많은 썰매개들이 줄에 묶인 채 대부분의 시간을 보낸다.

썰매개들은 달리는 것을 좋아한다. 하지만 개의 한계를 넘어서서 달리도록 내몰아서는 안 된다. 오랫동안 줄에 묶어 두는 학대 관행 또한 없어져야 한다. 그래서 좋은 환경에서 보살핌을 받으며 개의 한계 내에서 달리는 등의 규제 변화가 일어나기 전까지 장거리 개썰매 경주는 개에게 나쁜 일자리일 뿐이다.

실험에 쓰이는 개, 실험견

해마다 수천 마리의 개가 과학연구기관, 실험기관, 교육기관에서 실험용으로 이용되고 있다. 실험견이 사는 환경은 학대에 가깝다. 보통 실내의 우리에 갇혀 있기 때문에 외로움과 좌절감 속에서 고통스러운 나날을 보낸다. 많은 실험견은 외부로 나가 신선한 공기를 마시거나 따사로운 햇빛을 쬐며 자유롭게 뛰어놀 수 있는 기회를 평생 단 한 번도 갖지 못하기도 한다.

하지만 실험견이 직접 실험에 이용되며 당하는 고통에 비하면 실험견이 처한 환경은 견딜 만한 것일지도 모른다. 실험견은 직접 수술대에 오르는 것은 물론 각종 잔혹한 심리 실험에 이용되는 등 상상할 수 없을 만큼 고통스러운 실험에 많이 이용된다. 그러다가 실험견으로 더 이상 쓸모가 없어지면 간혹 일반가정에 입양되기도 하지만 대부분 실험 후 살처분 된다. 그나마 다행인 것은 최근에 개를 실험 대상으로 사용하는 기관의 수가 조금씩 줄어들고 있다는 것이다.

비글자유프로젝트

셰넌 키이스는 실험견으로 많이 이용되는 비글에게 자유를 주기로 결심했다. 그래서 연구에 사용된 비글을 구조하여 가정을 찾아주는 활동을 하는 단체인 비글자유프로젝트 (the Beagle Freedom Project)를 시작했다. 관행적으로 비글을 실험견으로 쓰는 상황에서 비글자유프로젝트는 비록 힘든 프로젝트이지만 전 생애를 실험실 안에서 보낸 비글이 연구소 실험실을 나와서 처음으로 땅에 발을 딛으며 행복해하는 모습을 지켜보는 것은 말할 수 없이 멋진 일이다. 실험실에서 실험견으로 쓰이던 비글을 용도를 다해서 실험실 밖으로 내보낸다는 연락을 받으면 가장 먼저 달려가서 데리고 나와 보살피다가 좋은 가정에 입양시키는 일을 하고 있다. www.beaglefreedomproject.org

비글은 조용하고 공격적이지 않은 착한 성품 때문에 실험견으로 인기가 높다.

우주로 날아간 실험견들

과학자들은 사람이 우주 공간에서 살아남을 수 있을지 궁금했다. 가능성을 알아보기 위해 사람을 보내기 전에 먼저 개를 보내서 실험했다. 1950년대 소련(현재 러시아)은 집 없는 개 21마리를 잡아서 우주로 보내 실험을 했고, 많은 수의 개가 우주여행에서 살아남지 못한 채 죽었다. 1957년 최초로 우주로 간 실험견 라이카는 유기견이었으며, 당시 자동장치에 의해 안락사된 것으로 러시아 공식 보고서에 기록되었지만 실제로는 발사 수 시간 후 과열로 사망한 것으로 드러났다.

강아지 수호천사

보호소 개들을 실험동물로부터 지켜내라

캐나다 토론토의 브리트니 존스턴과 이네스 발런트는 미디어 수업을 듣던 중 의미 있는 프로젝트를 진행하기로 결심했다. 수업 중에 유기동물 보호소의 개들을 실험용으로 보내는 관행을 알게 되었고, 이에 대한 다큐멘터리 영화를 만들기로 한 것이다. 몇 달 동안 자료 조사를 하고, 인터뷰와 촬영을 하고, 글을 쓰고 편집을 한 결과 마침내 영화가 완성되었다. 제목은 〈보호소 유기견을 강탈하다 : 궁극의 신뢰에 대한 모독(Pound Seizure: The Ultimate Trust Violation)〉이다.

과학 연구 작업에 보호소의 유기견을 사용하는 관행을 없애자는 호소를

담은 이 작품은 흡입력이 강했다. 영화는 학교는 물론 유튜브에 올려져 많은 사람의 관심을 끌고 실험견 관행에 대한 경각심을 일깨웠다. 작품이 화제가 되면서 둘은 TV에도 출연했다. 지금도 브리트니와 이네스는 많은 사람들이 진실을 알게 되면 보호소 유기견들이 실험견으로 사용되는 나쁜 관행이 없어질 거라는 희망을 갖고 이 문제에 대한 일을 계속해 나가고 있다.

유기견을 실험견으로 보내는 것이 합법?

유기동물 보호소가 돈을 벌기 위해 보호소의 개를 실험견으로 보내기도 하는데, 지역에 따라서는 법적으로 보호소의 개를 과학 연구를 하는 실험실에 넘기도록 되어 있는 곳도 있다. 하지만 보호소의 임무는 가족이 없는 개에게 가족을 찾아주는 일이므로 실험실에 넘기는 것은 옳지 않다고 여겨져 대부분의 지역에서는 이런 관행을 금지했다. 보호소의 개를 실험실에 넘기는 것이 합법적으로 규정되어 있는 지역에서도 보호소들이 때로는 이를 거부하기도 한다. 연구기관에 개를 넘기면 대부분 실험 후에 죽는다는 것을 알기 때문이다. 보호소는 생명을 보호하는 곳이지 죽이는 곳이 아니다.

5장

개를 너무나 모르는 사람들

묶어 키우기, 순종과 근친교배, 성대제거수술,
꼬리·귀자르기수술, 위험한 개?

크기, 생김새, 품종과 상관없이 다양한 개들이 줄에 묶여서 지낸다.

줄에 묶인 고통

　개의 집은 넓은 마당 한 구석에 놓인 금속으로 된 드럼통이다. 개는 몇 년 동안이나 목에 채워진 3미터 길이의 줄에 묶인 채 여름의 뜨거운 열기와 겨울의 혹독한 추위를 견뎠다. 괴롭고 외로웠지만 왜 줄에 묶여 있는지조차 알 수 없었다. 달리고 싶고, 놀고 싶고, 가족과 어울리고 싶었지만 아무리 낑낑거려도, 큰 소리로 컹컹 짖어도 달라지는 것은 없었다. 가족과 만날 수 있는 유일한 시간은 하루에 한 번 물그릇과 밥그릇이 채워질 때뿐이다. 개는 평생 줄에서 벗어날 수 없었다.

　세상에는 이런 상황에 놓여 있는 개가 많다. 개의 주인들은 더 이상 개를 위해서 시간을 낼 마음이 없다. 흥미를 잃었기 때문이다. 때로는 개를 다루기가 어려워서 그렇다고 핑계를 댄다. 이유가 무엇이든 개를 오랜 시간 줄에 묶어 두는 것은 가장 나쁜 동물학대 행위 중 하나이다. 활동적이고 사교적인 동물인 개를 몇 주, 몇 달, 심지어 몇 년 동안이나 한 곳에 묶어두는 것은 잔인한 일이다. 줄에 묶인 개들은 신체적인 문제는 물론 심리적으로도 문제가 생긴다.

모든 개는 자유롭게 뛰놀 수 있어야 한다.

●

개를 너무나 모르는 사람들

줄에 묶인 개들은 종종 주인에게 잊혀져서 오랜 시간 동안 밥과 물을 먹지 못할 때도 있다. 평생 줄이 허락하는 거리까지만 몸을 움직이고 더 이상의 운동은 한 번도 해보지 못할 수도 있다. 너무 거칠거나 꽉 조이는 줄 때문에 목에 상처가 생기거나 피부가 헐기도 한다. 줄에 묶인 채 홀로 버려진 개들은 절망, 외로움, 지겨움에 끝없이 짖어대기도 하지만 찾아오는 사람이라곤 없다.

줄에 묶인 개의 상태를 보여 주는 것은 바로 그들이 서 있는 땅바닥이다. 줄이 뻗을 수 있는 곳까지 개의 발자국으로 땅이 딱딱하게 다져진 모습은 개들이 얼마나 비참하게 살고 있는지를 잘 보

줄에 묶어서 키우는 것은 학대이다

개는 매우 사회적인 동물이다. 그래서 사람들과 함께 살면서 산책도 나가고, 질 좋은 밥도 먹고, 애정을 나누면서 함께 살아야 한다. 하지만 줄에 묶여서 지내는 개들은 이러한 필수적인 것들을 전혀 제공받지 못한다. 개를 줄에 묶어서 집 밖에서 키우는 것은 일종의 학대이며 책임감 없는 행동이다.

줄에 묶인 개는 외로움과 지루함에 시달린다.

여 준다. 같은 공간을 수백만 번 수천만 번 왔다갔다했다는 증거이기 때문이다.

아무리 사회성이 좋은 개라도 줄에 묶이면 공격성이 생기고 위험해질 수 있다. 세계적인 수의사이자 개 전문가인 미국 터프츠 대학교의 니콜라스 도드먼 박사는 "줄의 길이가 짧으면 짧을수록 개는 더욱 공격적으로 변한다."고 말한다. 오랫동안 줄에 묶인 개들은 사람을 물고, 어린아이를 공격한다는 연구도 있다.

개는 위협을 받는다고 느끼면 도망을 가거나 싸우는 습성이 있다. 그런데 줄에 묶여 있는 개들은 방어적인 성향과 자기 영역을 지키려는 성향이 커진다.

묶인 개들은 가까이 다가오는 사람을 자기를 위협하는 존재로 여기게 되는데 묶여 있으면 도망 칠 수가 없으니 대항해서 싸울 수밖에 없다고 생각한다. 혹시라도 어린아이들이 묶인 개를 만지려고 가까이 다가간다면 결과는 치명적일 수 있다.

개를 오랜 시간 동안 줄에 묶어 놓는 행위는 법으로 금지해야 한다. 다행히 많은 지역에서는 불법행위이다. 미국 캘리포니아, 네바다, 웨스트버지니아 주 등에서는 개를 줄에 묶어 두는 것에 대한 법안이 마련되어 있으며, 세계 100개 이상의 도시는 묶는 행위를 금지하거나 줄에 묶여 있는 시간을 제한하는 법률을 가지고 있다. 이는 개에게 좋은 소식일 뿐만 아니라 사람의 안전을 위해서도 꼭 필요한 일이다.

묶인 개는 공격성이 높아져서 사람을 물기 쉽다.

묶인 개는 공격적으로 변한다

줄에 묶여 있는 개들은 골칫거리가 될 수 있다. 묶인 개는 외롭고 지겹고 괴롭기 때문에 많이 짖고 목청껏 운다. 그러다 보니 이웃들이 시끄럽다고 항의하게 되고 개는 순식간에 문제견이 된다. 또한 많은 운동이 필요한 개가 묶여서 지내면 성격이 공격적으로 변하기도 한다. 그래서 누군가 다가오면 공격성을 드러내거나 물게 된다. 묶인 개들에 의해 일어나는 사고는 사람이 개를 올바르게 보살피지 못한 것이므로 개의 잘못이 아니라 사람의 잘못이다.

개를 줄에 묶지 않고 키우는 방법

개를 집 안에서 키운다

개는 무리를 지어 살거나 가족의 일원으로 살아야 하는 동물이다. 만약 개가 너무 활동적이어서 실내에서 함께 살기 어렵다면 밖으로 내보낼 것이 아니라 행동을 교정할 수 있는 교육을 시킨다. 폭력적인 방법이 아니라 긍정적인 방법으로 교육시켜서 개가 스스로 행동을 교정할 수 있도록 돕는다.

울타리를 설치한다

마당에 울타리를 설치하면 개가 안전하게 돌아다니며 운동할 수 있어서 좋다.

트롤리를 설치한다

어떤 이유로든 개를 묶어야 한다면 짧은 줄에 묶어둘 것이 아니라 트롤리(trolley)를 설치한다. 트롤리는 공중에 실치된 긴 케이블에 부착된 줄에 개를 묶어 두는 것으로 개가 넓은 공간을 신나게 달릴 수 있다.

울타리를 고친다

개가 설치한 울타리를 뛰어넘을 수 있다면 뛰어넘지 못하도록 울타리를 고친다. 울타리 주위로 관목류 나무를 심는 것도 좋은 방법이다. 개들이 관목류 나무까지 뛰어넘지는 못한다.

중성화수술을 시킨다

중성화수술을 받은 개는 집을 탈출하려는 욕구가 줄어들기 때문에 묶어 둘 필요가 없다. 또한 중성화수술을 시킨다고 개의 성격이 변하지 않으니 걱정하지 않아도 된다.

규칙적으로 산책한다

매일 규칙적으로 한두 번씩 개와 산책을 하면 개의 넘치는 에너지가 산책을 하면서 발산되기 때문에 조금 더 차분해진다. 차분한 개를 묶어 둘 이유는 없다.

산책은 개와 사람
모두에게 좋은 운동이자 즐거움이다.

줄에 묶인 개를 돕는 방법

줄에 묶인 채 마르고 상처 입은 몸으로 혼자 내버려져 있는 개가 있다면 외면하지 말고 반드시 도움을 줘야 한다. 다음과 같이 돕는다.

🐾 묶인 개의 근처에 마실 물이나 편하게 쉴 집이 없다면 즉시 동물보호단체, 경찰서, 지자체 민원실에 전화를 해서 사실을 알리고 조치를 요구한다.

🐾 신고 후에 개의 환경이 나아지는지, 먹이나 물을 주는지, 쉴 곳이 생겼는지 관심을 갖고 계속 지켜본다. 만약 상황이 나아지지 않고 점점 더 나빠진다면 다시 민원을 넣는다.

🐾 그래도 달라지지 않는다면 전문가의 도움을 받아서 먹이나 물, 잠자리, 장난감 등을 제공하면서 직접 개를 도와야 한다.

개는 사회적 동물이다. 집 안에서 함께 살며 가족의 일원이 되어야지 마당에 홀로 두어서는 안 된다.

대충 만든 집에 묶여 사는 것은 개에게 좋은 환경이 아니다.

개에게 인간은 친구일까?

이때 줄에 묶인 개는 공격적인 성향이 강해서 위험할 수 있다는 사실을 잊지 말아야 한다. 비록 개를 도우려는 좋은 의도라 할지라도 개에게는 위협적인 대상이 될 수 있다. 줄에 묶여 있는 개에게 절대로 혼자 다가가서는 안 된다.

🐾 줄에 묶인 개들의 삶을 향상시킬 수 있는 가장 좋은 방법은 개를 묶어서 키우는 것을 금지하는 법이 생기는 것이다. 자신이 사는 지역에 이 법이 생기도록 활동한다.

강아지 수호천사

줄에 묶인 개가 사라졌다

TV 뉴스 앵커인 데보라 린즈는 웨스트버지니아 주 찰스턴 시로 이사를 갔을 때 수많은 개들이 줄에 묶여 있는 것을 보고 충격을 받았다. 그녀는 자신이 진행하는 뉴스에 묶인 개들에 대한 특집 기사를 방송하기 시작했고 많은 시청자에게서 뉴스 내용을 지지한다는 이메일과 편지가 도착했다.

이어서 그녀는 줄에 묶인 개 사진, 영상, 그들의 이야기, 시청자들이 보낸 편지를 가지고 시청으로 향했다. 시 공무원들에게 줄에 묶인 개가 어떻게 위험해질 수 있는지에 대한 정보를 제공하면서 개를 줄에 묶는 관습을 금지할 것을 요구했다. 그녀의 노력 덕분에 찰스턴 시는 법으로 개를 줄로 묶어 두는 것을 금지했다!

그 후 데보라는 개를 보호하기 위한 행동을 이어갔다. 그녀는 개를 묶어 두는 것을 금지하는 법안은 동물을 보호하기 위해 꼭 필요한 방법이라고 카나와 카운티 사람들을 설득하면서 투표를 진행하여 법안을 통과시켰다. 법안은 한 번에 15분, 하루 최대 4번까지만 개를 묶어 둘 수 있도록 규정했다. 데보라 린즈 덕분에 카나와 카운티에서는 평생 줄에 묶인 채 보내는 개가 사라졌고, 새로운 법은 린즈 법이라고 이름이 붙여졌다.

순종의 문제

순종의 의미는 혈통서가 있다는 뜻이다. 혈통서란 개의 부모견과 조부모견이 기록되어 있다는 의미이기도 하다. 사람들은 그런 혈통서가 개의 우수성을 보장해 준다고 생각하지만 과연 그럴까?

혈통서가 있는 개들은 종종 도그쇼에 참가하여 품종 기준에 따라 감정평가를 받는다. 품종별 동호회와 번식 전문기관, 도그쇼 단체들에 의해 만들어진 기준에 따라 특정한 품종의 외양과 얼마나 일치하는지 평가받는다. 그런

근친교배의 문제점

근친교배란 인간이 정해 놓은 기준에 맞는 순종을 만들기 위해 형제자매 혹은 부모자식을 짝짓기시키는 것으로, 근친교배로 태어난 개는 여러 가지 건강상의 문제가 나타난다. 다음은 근친교배로 인해 선천적으로 자주 나타나는 견종별 질환이다.

아메리칸코커스패니얼 녹내장. 실명으로 이어질 수 있다.
그레이트데인 골격 문제
퍼그와 페키니즈 호흡 문제
카발리에킹찰스스패니얼 심장질환
불도그 골반형성장애
복서 간질, 심장질환
바셋하운드 관절염

데 품종의 외양 기준이라는 것이 콜리는 얼마나 얼굴이 좁은지, 퍼그는 얼굴이 얼마나 납작하고 눈이 얼마나 툭 튀어나왔는지 등이다. 이는 개의 건강, 행복과는 거리가 멀다.

개가 이처럼 특정한 외양을 갖기 위해서는 근친교배가 필요한데, 근친교배는 유전자가 비슷한 개들끼리 번식을 하는 비자연적인 과정이다. 형제자매 혹은 부모자식이 서로 짝짓기를 하게 되면 태어난 강아지가 부모의 외양을 닮을 확률은 높아지지만 근친교배는 건강상의 문제를 일으킨다.

그래서 잡종개들이 순종보다 건강한 경우가 훨씬 많은 것이다. 일단 잡종은 근친교배로 태어난 것이 아니기 때문에 근친교배로 인한 질병은 피해 갈 수 있기 때문이다.

성대제거수술과 꼬리·귀 자르기

개에게 이상한 수술을 시키는 경우도 많다. 개가 짖는 문제로 골치 아픈 사람들은 종종 성대제거수술을 선택한다. 이 수술은 개의 후두부에 있는 생체조직을 제거해서 개가 영구적으로 짖지 못하게 하는 것으로, 수술을 한 개는 짖어도 거의 소리가 나오지 않으면서 쉰 소리, 쉿소리, 기침소리 같은 소리만 작게 내게 된다.

전기충격 목걸이

개가 많이 짖는 경우 성대제거수술을 하기도 하고, 짖기를 방지하기 위해 전기충격 목걸이를 채우기도 한다. 이 목걸이의 작동 원리는 개가 짖으려 하면 전기충격을 주어서 짖지 못하게 만드는 것이다. 개 목걸이를 만든 회사들은 이것이 인도적이며 유용하다고 말하지만 동물보호단체인 동물학대방지협회는 물론 순종 보호 단체인 케널클럽도 잔인하고 불필요하다고 주장한다. 또한 전기충격 목걸이는 개를 더 공격적으로 만들 수 있다. 2010년, 웨일스는 세계에서 처음으로 전기충격 목걸이를 금지했다.

아기가 우는 이유가 여러 가지듯 개가 짖는 이유도 여러 가지이다. 고통을 느끼거나 무섭거나 외로워서 짖는다. 성대제거수술을 하면 소음을 멈출 수는 있지만 개가 짖는 진정한 원인을 해결해 주지 못한다. 또한 이 수술은 고통스럽고 위험하다. 그래서 영국에서는 개의 성대제거수술을 법으로 금지하고 있으며, 다른 나라에서도 금지하려는 노력이 진행되고 있다.

수술로 꼬리가 잘린 복서. 꼬리를 자르는 수술은 개에게 큰 고통을 준다.

개를 너무나 모르는 사람들

성대제거수술이 빈번하게 일어나는 곳 중 하나는 강아지 공장 등 번식업체가 운영하는 농장이다. 수많은 개들이 한꺼번에 짖어대는 소음 때문에 생기는 이웃들의 불만을 없애기 위해 번식업자들은 그곳에 머무르면서 죽을 때까지 교배, 임신, 출산을 반복하는 종견과 모견에게 성대제거수술을 한다. 강아지 공장은 여러 가지 방법으로 개를 학대하고 괴롭힌다.

복서, 로트와일러의 뭉툭한 꼬리는 꼬리자르기수술의 결과이다. 꼬리자르기수술은 보기 좋은 외모를 위해 또는 도그쇼 등 행사 출전을 목적으로 강아지의 꼬리를 짧게 자르는 수술이다. 어린 강아지일 때 꼬리를 짧게 자르면 꼬리가 뭉툭해지는데 보통 태어난 첫 주에 마취를 하지 않고 꼬리를 자른다.

도베르만핀셔, 미니어처핀셔 등은 뾰족한 귀를 만들기 위해 귀 끝을 자르는 수술을 한다. 꼬리자르기수술과 마찬가지로 사람들

수술로 귀 끝이 잘려 귀가바
짝 선 도베르만핀셔.

이 뾰족한 귀를 좋아하기 때문에 수술을 하거나 도그쇼 등에 출
전하기 위해 수술을 한다. 보통 3개월 된 강아지의 귀를 자르면
귀가 바짝 서게 된다.

　동물보호단체들은 이런 수술이 개에게 고통을 주는 것은 물론
개를 위한 것이 아니라 인간의 욕구를 충족시키는 것이므로 윤리
적으로 문제가 되기 때문에 금지해야 한다고 말한다. 특히 꼬리자
르기수술은 개에게 큰 고통을 준다. 노르웨이, 벨기에, 남아프리
카공화국, 오스트레일리아 일부 지역 등 많은 곳에서 이런 수술
을 법적으로 금지하고 있다.

강아지 수호천사

개의 성대를 제거하고 버리는 사람들

열다섯 살 조던 스타는 보스턴 시의 유기동물 보호소에서 성대제거수술을 받은 개를 처음 만났다. 성대제거수술을 받은 개를 보는 것이 무척 마음이 아팠고 그 후 성대제거수술을 금지하는 노력을 시작했다. 성대를 잘라내 개가 목소리를 못 내도록 하는 것은 잔인하고 위험한 일인데 많은 사람들이 너무 쉽게 생각하는 것 같았다.

조던 스타는 개에게 성대제거수술을 시키는 것을 금지시키기 위해 싸웠다.

조던은 반려동물보호연합(Coalition to Protect and Rescue Pets)과 함께 의학적 이유가 없는 경우 성대제거수술을 금지하도록 하는 법안을 매사추세츠 주에 제출했다. 이 법안은 도그쇼에 출전했

개는 짖어야 정상이다

짖기는 개의 가장 주요한 의사소통 수단이자 정상적인 행동이다. 그럼에도 불구하고 지나치게 짖는 개에 대해 고충을 토로하는 사람들이 많다.

만약 개가 심하게 짖어서 힘들다면 교육을 시키거나 행동교정을 통해서 문제를 해결해야 한다. 이것이 가장 인도적이고 책임감 있는 해결 방법이다. 개가 짖는 것은 정상적인 행동이므로 개를 학대하는 방법으로 문제를 해결하려 해서는 안 된다. 제대로 된 교육은 짖는 것 자체를 금지하는 것이 아니라 개의 행동심리를 파악해서 근본적인 문제를 해결하는 것이다.

개를 때리거나 당기면 목을 조르는 목줄 등을 사용하는 방법 또한 폭력적이다. 그런 방법으로는 순간적으로 짖지 않게 할 수는 있지만 근본적인 해결 방법이 아니므로 금방 다시 짖게 된다. 짖기를 멈추기 위해서 손쉽게 성대수술을 시키거나 전기충격 목걸이를 채우는 것은 책임을 회피하는 가장 나쁜 해결 방법이다.

던 개가 성대제거수술을 받은 채로 버려지는 사건이 있은 후 로건 법(Logan's Law)이라고 알려졌다. 조던은 학교 수업을 마친 뒤 입법가들을 찾아다니며 로건 법이 왜 필요한지 설명하고 그들을 설득했다. 많은 반대도 있었지만 동물보호단체와 수많은 수의사의 지지를 받으며 10개월 동안 노력한 끝에 조던의 프로젝트는 성공했다.

마침내 2010년 4월 22일, 인간의 편의를 위해 개의 성대를 제거하는 수술은 매사추세츠 주에서 금지되었다. 놀라운 성공이다.

개에게 물리는 사람들

미국에서만 1년에 450만 마리의 개가 사람을 문다. 어린이들이 가장 많이 물리며, 의학적 처치가 필요할 만큼 심각한 경우도 1백만 건이나 된다. 개와 사람이 서로를 잘 이해하지 못하면 개에게

개에게 물리지 않는 방법

- 모든 개는 물 수 있다는 점을 기억한다.
- 낯설거나 친하지 않은 개에게는 다가가지 않는다.
- 친하지 않은 개가 가까이 다가오면 개가 지나갈 때까지 가만히 서 있는다. 뛰어서 도망가거나 소리치지 않는다.
- 자전거를 타고 있다면 움직이지 않는다. 개와 나 사이를 자전거로 막는다.
- 개를 만지고 싶다면 먼저 개의 주인에게 허락을 구한다.
- 개를 만지려면 개에게 나의 냄새를 먼저 맡을 수 있도록 한다.
- 개의 눈을 들여다보지 않는다. 이런 행동을 위협이나 도전으로 여기는 개들이 있다.
  - 묶인 개는 공격적일 수 있으니 줄에 묶인 개에게는 절대 다가가지 않는다.
  - 밥을 먹고 있거나 잠을 자고 있거나 새끼를 돌보는 어미개를 절대로 방해해서는 안 된다.
  - 개를 공격하거나 물도록 부추기거나 놀리는 행동을 하지 않는다.

물리는 경우가 있다. 서로 의사소통이 안 되었을 경우, 개가 신경이 예민해져 있을 때, 개가 겁을 먹었을 때, 개가 아프거나 자신을 보호해야 할 필요를 느꼈을 때도 사람을 물 수 있다.

개가 사회성 교육이 되어 있지 않아서 다른 사람이나 다른 개와 함께 있는 것이 익숙하지 않을 경우, 보살핌을 제대로 못 받았거나 학대를 받은 경우, 사람들에게 놀림이나 괴롭힘을 당할 때도 물 수 있다. 대체로 개가 사람을 무는 경우 개 교육을 제대로 시키지 못한 사람에게 책임이 있는데 벌은 개가 고스란히 받고 있다.

광견병에 걸린 개에게 물리면 인간도 광견병이 옮을 수 있기 때문에 사람들은 개에게 물리는 것에 대한 공포가 있다. 그래서 인간의 안전을 위해 자유롭게 돌아다니는 길거리 개들을 무차별적으로 죽이기도 한다. 특히 어린이를 공격했을 경우에는 안락사 명령이 내려지기도 한다.

공격적인 개는 위험한 것이 맞다. 그러므로 사람을 물지 않는 개로 키우기 위해 반려견 교육에 대한 중요성을 알려야 한다. 교육도 하지 않으면서 무조건 성격 좋은 개로 자라기를 바라는 것은 무책임한 일이다.

지역에 따라 특정 품종의 개를 키우는 것이 제한되거나 금지되어 있다.

위험한 개가 따로 있다?

많은 사람들이 핏불은 위험한 견종이라고 생각한다. 예전에는 블러드하운드, 도베르만핀셔, 저먼셰퍼드, 차우

차우, 로트와일러도 위험하다고 생각했다. 사람들의 특정 품종에 대한 공포는 관련 법률을 제정하도록 만들어서 특별한 품종의 개를 키우는 것을 제한하거나 금지한다.

하지만 어떤 품종이 다른 품종보다 더 위험하다는 것은 증명되지 않았기 때문에 특정 품종에 관한 규제 법안은 늘 논란을 일으킨다. 법안 반대자들은 어떤 개라도 사람을 물 수 있고, 사람이 개에게 물리는 많은 경우는 개를 공격적으로 대하거나 놀리는 등 함부로 대했기 때문이지 개의 품종 때문이 아니라고 주장한다. 또한 사람이 개에게 사회성 훈련을 제대로 시키지 않았거나 개를 평생 묶어 두는 등 방치하거나 학대하기 때문에 생긴 오해라고 지적한다.

실제로 핏불에 대한 편견은 사회성 교육 등 교육을 제대로 시키지 않았거나 잘못 길러서 생긴 것이다. 특히 핏불을 투견에 이용한 사람들이 핏불의 평판을 망친 셈이다. 덕분에 핏불은 사람들에게 위험한 동물로 여겨지게 되었다. 하지만 핏불은 공격적인 성향을 가지고 태어나지 않는다. 실제로 핏불은 예전부터 어린이들

핏불 금지

캐나다의 온타리오 주에서 어린이들이 핏불에게 공격을 당하자 주 정부는 개소유자책임 법령(Dog Owners Liability Act)이라는 법안을 통과시켰다. 주요 내용은 온타리오 안에서는 핏불이나 핏불 유형의 개를 번식하거나 유입해서는 안 되고, 이미 키우고 있는 핏불은 야외로 나갈 때 입마개를 씌워야 한다는 것이다.

사람들은 그런 법으로는 개가 무는 문제를 해결할 수 없다고 반발했다. 특정 품종이 위험한 것이 아니라 제대로 교육시키지 못하는 사람의 문제이기 때문이다. 사실 래브라도 리트리버, 푸들 등도 사람을 자주 물지만 관련 법은 없다. 하지만 사람들의 반발에도 결국 법이 시행되었다.

중국의 35센티미터 법

중국 베이징 시는 시민을 안전하게 지키기 위해서라는 명목으로 어깨높이가 35센티미터 이상인 개를 키우는 것을 법으로 금지했다. '35센티미터 법'이라 불리는 이 법의 제정으로 대형견을 키우던 사람들은 당황했다. 베이징 시는 일정 기간 내에 키우던 개를 시 밖으로 이동시키라고 명령했고, 만약 이동시키지 않을 경우 잡아서 죽일 것이라고 경고했다. 사람들은 35센티미터 법 제정으로 베이징 시가 더 안전한 도시가 되는 것은 아니라고 반발했지만 결국 시행되었다.

과 잘 어울리는 개로 여겨져서 '유모개'라고 불릴 정도였다.

위험한 개를 다루는 가장 좋은 방법은 사람들을 교육시키는 것이다. 사람들이 책임감 있고 올바른 지식을 갖추게 되면 위험한 개는 사라진다. 또한 엄격한 동물보호법이 올바르게 집행되어서 개를 줄에 묶어 키워서 공격성을 키우거나 개를 투견으로 이용하는 등 법을 어기는 사람을 엄중하게 처벌하면 점점 특정 품종에 대한 편견은 사라질 것이다.

강아지 수호천사

집 없는 개에게 집을 선물하다

동물보호단체 개를위한집짓기(Habitat for Hounds)에서는 어린이와 청소년이 모여서 도움이 필요한 개들을 위해 개집을 짓는다. 우슬라 코요테는 뉴멕시코 주의 에스파놀라 시에 있는 청소년문화센터 옆에 살고 있는 집 없는 개 한 마리를 만난 후 이 단체를 조직했다. 우슬라는 친구인 조 캐디와 함께 개집 짓기 운동을 시작해서 33명의 청소년들과 함께 개집 7개를 만들어 개집을 필요로 하는 지역 개들에게 나누어 주었다.

　개집을 다 만든 후에는 지역 청소년들이 그래피티 미술로 외벽을 장식했다. 현재 이 단체는 많은 수의 개집을 지어서 개에게 나누어 주면서 워크숍을 통해 자신들의 활동을 알리고 있다. 또한 단체의 활약을 담은 다큐멘터리도 제작했다.

　개집 짓기 운동은 집 없는 개를 도울 뿐만 아니라 참여한 모든 어린이와 청소년들에게 긍정적인 영향을 끼쳤다. 다른 생명을 돕는 것은 행복한 일이고, 친구들과 함께하는 일이 즐겁고, 여러 사람이 도우면 생각보다 좋은 결과를 얻을 수 있다는 큰 교훈을 얻었기 때문이다. 개와 사람 모두에게 좋은 영향을 끼치는 이 프로젝트가 지역을 넘어서 전 세계로 퍼져 나가길 희망한다.

집이 없는 개들을 위하여 개집을 짓고 있다.

6장

개를 위한 피난처

개방형, 노킬, 수술 후 방사,
유기동물 보호소의 세 가지 유형

유기동물 보호소마다 수많은 개들이 입양될 가정을 기다리고 있다.

미국 최초의 개 보호소

미국에서는 1866년 헨리 버그에 의해 최초의 동물보호단체인 미국동물학대방지협회(ASPCA, American Society for the Prevention of Cruelty to Animals)가 설립되었다. 동물학대방지협회의 노력으로 통과된 미국 최초의 동물복지법 덕분에 당시 뉴욕의 말들과 길거리 개들이 보호를 받기 시작했다.

그 시절에 길거리 개들은 포획되어 끔찍한 환경의 수용소에 가두어졌다가 잔혹한 방법으로 죽임을 당했다. 뉴욕 시는 유기견 수용소의 운영을 동물학대방지협회에 제안했지만 헨리 버그는 거절했다. 그는 길거리 개들에게는 안전하게 쉬고 보살핌을 받을 곳이 필요하지 갇혀 있다가 잔인하게 죽는 곳은 필요하지 않다고 생각했다. 수용소는 원래 집 없는 개들을 가두려고 만든 장소로 '몰수하여 가두다(impound)'라는 단어에서 나온 말이다.

하지만 길거리의 개들이 겪는 고통을 그냥 두고 볼 수 없을 정도가 되면서 동물보호단체 등이 유기동물 보호소를 운영하기 시

잡종은 물론 순종도 보호소에서 입양할 수 있다.

작했다. 동물보호단체의 보호소는 다른 곳보다 인도적인 방법으로 보호소를 운영할 목적으로 계획되었다. 마침내 1869년 펜실베이니아에서는 여성들이 미국 최초의 보호소 중 하나인 동물학대방지협회에서 운영하는 유기동물 보호소를 열었고, 1872년에 최

개줄에 묶여 학대받던 개들도 구조되어 보호소로 온다.

수용소 pound

동물관리센터, 공공 보호소 등으로 불리는 수용소는 지자체나 개인, 개인 사업자, 수용소 경영을 목적으로 설립된 단체에 의해 운영된다. 그동안 수용소는 아무도 원하지 않는 개들을 받아 가능한 한 가장 쉽고 싼 방법으로 죽이기 위해 설립되고 운영되어 왔다. 지금도 많은 수의 수용소는 형편없는 수준의 입양 프로그램을 운영하고 있기 때문에 거의 입양이 되지 않아 이곳에 수용된 개들의 안락사율은 매우 높다.

초로 수용소 운영권을 얻어낸 동물보호단체가 되었다.

현재 전 세계의 동물보호단체, 동물복지그룹, 개 구조 단체 등은 수천 개의 보호소를 운영하고 있다. 보호소는 개는 물론 다른 동물 모두에게 안전한 쉼터여야 한다. 개들은 유기동물 보호소에서 편안한 잠자리와 영양가 있는 밥 등 적절한 보살핌을 받아야 한다. 보호소에서 지내다가 운이 좋다면 자신을 찾아온 가족에게 되돌아갈 수도 있고, 새로운 가정으로 입양되어 갈 수도 있다. 그런데 안타깝게도 그동안 동물단체에서 운영하는 유기동물 보호소도 다른 일반 보호소처럼 많은 개들을 안락사시켜 왔다. 그러나 최근 들어 변화가 일고 있다.

개에게 인간은 친구일까 ?

모든 보호소 개들은 사랑해 줄 가족을 기다린다.

공격성 검사

성격검사(temperament test)는 개가 사람이나 다른 개, 다양한 시각적·청각적 자극에 어떻게 반응하는지를 시험해서 개의 공격성을 측정하는 것이다. 유기동물 보호소에서 치러지는 성격검사에서 공격적 성향을 많이 띤다는 결과가 나오면 그 개는 입양될 수 없다. 하지만 이런 성격검사가 늘 정확한 것은 아니다. 개들에게 막 입소한 보호소는 낯선 장소이기 때문에 평소 온순한 개도 낯선 상황에서는 두려움 때문에 공격적으로 변할 수 있기 때문이다. 성격검사 결과 공격적이라는 결과가 나온 개들은 입양이 될 수 없을 뿐만 아니라 안락사 확률도 엄청나게 높아지므로 이런 식의 검사는 변화되어야 한다.

보호소의 세 가지 유형

개방형 보호소 Open Admission

개방형 보호소는 '열린 문' 정책을 유지하면서 보호소로 데려온 동물은 모두 받아들인다. 따라서 건강하고 입양 가능한 개뿐 아니라 병이 들거나 다루기 힘들어서 안락사당할 처지에 있는 개도 받아들인다. 하지만 이곳에서는 안락사가 이루어진다. 개를 잃어버린 사람들이 찾으러 올 수 있도록 기본적으로 3~7일 동안 데리고 있다가 안락사 시키는데 때로는 더 오래 데리고 있기도 한다. 가능한 한 보호소로 들어온 모든 개가 입양될 수 있도록 열심히 일한다.

보호소는 사람과 동물 모두에게 친화적인 시설을 갖추어 입양을 고려하는 사람들이 방문하고 싶은 쾌적한 장소가 되어야 한다.

안락사가 없는 보호소 No-Kill

안락사가 없는 노킬 보호소는 문제가 없고 건강한 개들을 안락사하지 않는 것이 목표이다. 가장 이상적인 보호소이지만 종종 병이 들었거나 다루기 힘든 개는 받지 않기도 한다. 또한 개들이 좁

다시 찾고 싶은 보호소

위니펙 휴메인소사이어터와 워싱턴 동물구조연맹(WARL, Washington Animal Rescue League)이 새롭게 지은 보호소는 동물들에게 편안함을 제공하도록 설계되었다. 과거에 볼 수 있었던 우중충하고 우울한 보호소와는 달리 밝고 화사하다. 따라서 이곳을 한 번 방문했던 사람들은 행복한 느낌을 받고 돌아가서 새로운 반려동물을 입양하기 위해 다시 이곳을 방문하게 된다. 최신식 의료 시설, 개와 함께하는 정기적인 산책, 미용 관리 등의 프로그램을 갖추고 있으며, 마사지 전문가들이 개들이 편안함을 느끼도록 마사지 봉사도 하고 있다.

해마다 수백만 마리의 개들
이 보호소에 들어온다.

고 더러운 우리에 오랫동안 갇혀 있는 경우에는 또 다른 학대가
발생되기도 한다. 또한 정말로 도움이 필요한 개들이 외면당할 수
있다는 것이 문제점으로 지적된다.

따라서 안락사를 하지 않는 보호소는 사람들이 찾아오고 싶은
마음이 들 수 있도록 쾌적한 환경을 만들어서 입양률을 높이는 것
이 중요하다. 사람들이 찾아가기 쉬운 접근성이 좋은 곳에 위치해
입양이 잘 이루어지도록 노력해야 한다. 유기견 구조단체와 연계
해서 자신의 집으로 개를 데리고 가서 임시로 맡아 주는 임시보호
프로그램을 활성화하고, 문제가 있는 개들에게는 문제 행동을 교
정할 수 있는 교육 프로그램을 진행해야 한다.

보호소의 안락사

모든 보호소의 목표는 집 없는 개들을 안락사하는 것이 아니라 그들에게 좋은 가족을 만날 수 있도록 주선하는 것이어야 한다. 보호소의 입장에서 입양 업무는 많은 노력이 들어가야 하므로 쉽지 않지만 그것이 바로 보호소의 존재 이유이므로 책임을 방기해서는 안 된다. 물론 가장 큰 문제는 무책임한 사람들이 반려동물을 버려서 보호소가 너무 많은 유기동물로 몸살을 앓는 것이다. 보호소에 동물이 넘쳐나면 입양 업무를 할 여유가 사라지고 안락사율이 높아지게 된다. 보호소의 안락사율을 낮추기 위해서 직접 입양을 하지 못하더라도 보호소의 개를 산책시키고 개의 사회성을 키워 주고 돌봐줄 자원봉사에 적극적으로 참여한다.

안락사가 없는 보호소의 좋은 취지를 살리려면 보호소가 보살핌은 없고 개만 북적이는 개 창고가 되어서는 절대 안 된다.

중성화수술 후 방사하는 보호소 Catch and Release

길거리 개가 많은 인도에서는 포획해서 중성화수술을 한 후 방사하는 보호소가 많다. 개는 붙잡혀서 보호소로 옮겨진 후 중성화수술을 받게 된다. 수술 후 몸이 회복되면 개는 붙잡혔던 지역으로 다시 옮겨져서 방사된다. 수술을 받은 개들은 자유를 되찾지만 더 이상 번식을 할 수 없기 때문에 길거리 개의 개체수가 느는 것을 방지한다.

한 지역에서 일정한 수의 개들이 이런 방식으로 계속 중성화수술을 받게 되면 길거리 개의 개체수가 늘지 않거나 줄기도 한다. 특히 쓰레기장 접근을 통제하는 등의 관리와 동시에 이루어지면 효과가 더 크다.

중성화수술 후 방사하는 보호소가 중성화수술을 위한 포획만 하는 것은 아니다. 거리에서 자동차 사고로 부상을 입거나 병에

좋은 보호소의 조건

- 건강한 몸과 정신을 가진 개, 성격 좋은 개로 만들기 위해 노력한다.
- 보호소를 떠나기 전에 중성화수술을 실시한다.
- 보호소의 동물들에게 수의학적 검진, 예방접종, 필요한 의료적 보살핌을 제공한다.
- 입양 신청서 작성과 상담을 통해 입양 희망자 중 좋은 사람과 나쁜 의도로 접근하는 사람을 주의 깊게 가려낸다.
- 개를 야외에서 키우기를 원하는 사람들에게는 개를 입양시키지 않는다.
- 개를 입양한 사람이 행동교정 등의 도움을 필요로 한다면 기꺼이 제공한다.
- 지역 공동체와 함께 유기동물 입양을 촉진시키는 프로그램을 진행한다.
- 필요할 때 언제라도 도움을 받을 수 있도록 야간이나 주말에도 항상 보호소를 개방한다.
- 방문자가 환영받는다는 느낌을 가질 수 있도록 보호소를 친절한 공간으로 만든다.
- 동물들에게 새 가정을 찾아주기 위해 다른 단체와 협력한다.
- 안락사당하는 개의 수를 줄이기 위해 열심히 일한다.
- 개를 보호하기 위한 관련 법률과 정책을 지지한다.

걸리거나 굶주림에 시달리는 개들도 돕는다. 보호소 직원이나 지자체 담당자가 사고 현장에 가서 직접 데리고 오거나 일반인이 보호소에 데리고 오는 개들을 받아들인다.

보호소가 안전한 피난처가 아닐 때

만약 어느 보호소가 많은 수의 개를 안락사시킨다면, 그 보호소는 개들에게는 안전한 장소가 아니다. 보호소는 개들에게 편안한 장소가 되어야 한다. 그러나 내가 가본 전 세계 곳곳의 보호소는 거칠고 차가운 콘크리트 바닥에, 시멘트 벽돌이 그대로 드러나 있는 벽과 철컹거리는 철문이 마치 감옥 같은 분위기였다. 이런 보호소들은 개들이 편안함을 느낄 수 있는 환경이 아니다. 이런 보호소에 수용되어 있는 개들은 겁에 질려 스트레스를 받을 것이다. 보호소가 개들을 거칠게 다루고, 형편없는 우리에서 지내게

하고, 입양이 안 되면 잔인한 방식으로 죽이는 어둡고 우울한 장
소가 되어서는 안 된다.

강아지 수호천사
아무도 돕지 않는 인도의 길거리 개

1995년에 인도로 이주한 애브람스 부부와 그들의 딸 클레어는
개, 당나귀, 소 등 집 없는 동물이 길거리를 배회하며 쓰레기를 먹
고 있는 것을 보고 동물지원보호소(Animal Aid shelter)를 열게 되었
다. 도움이 필요한 동물은 거리에 넘치는데 아무도 돕는 사람이
없어서 애브람스 가족이 직접 돕기로 한 것이다. 보호소는 점점
커져서 2002년에 수의사를 고용했고, 2003년에는 보호소 내에
동물병원을 열었다. 지금은 약 40명의 직원과 함께 5천 평 규모의
보호소를 운영하고 있다. 2010년까지 3만 마리의 아픈 동물을 치
료했으며, 현재 보호소에 약 200마리의 개들이 있다.

클레어 애브람스와 직원들
이 길거리 개들을 돕고 있
다.

강아지 수호천사

보호소의 개들도 행복해야죠

어릴 적부터 동물을 사랑했던 아리안 멜턴은 초등학교 5학년이던 2006년에 이제는 동물들을 직접 도와야 할 때라고 결심했다. 아리안은 '유기동물 보호소의 개들이 행복하도록 돕기(HSASH, Help Shelter Animals Stay Happy)' 캠페인을 시작했다. 사료, 장난감, 방석, 옷 등 개에게 필요한 물품을 모아서 명절에 지역 동물보호소에 전달하는 활동을 했다. 특히 주민들이 기증하고 싶은 반려동물 물품을 도서관에 맡겨 놓으면 자신이 찾아갈 수 있도록 그레섬 공립 도서관을 설득했다.

HSASH 캠페인은 다른 지역으로도 퍼져서 곳곳에 특별수거함이 설치되었다. 수거함에는 캔 사료, 마른 사료, 간식, 장남감, 담요, 이동장 등 여러 가지 물품이 모였다. 2008년에는 136킬로그램, 2009년에는 그보다 더 많은 양의 물품이 모여서 보호소에 기증할 수 있었다.

보호소 개들을 위해 사료를 모은 아리안과 동생 피터. 모은 반려동물 물품은 보호소 개들에게 편안함과 놀거리를 제공한다.

7장

좋은 입양이란?

스스로에게 질문하고 공부하고 신청하고 기다린다

유기견을 돕는 좋은 입양 방법

반려견을 입양하기로 마음을 먹었다면 입양할 수 있는 방법은 많다. 가정을 필요로 하는 개들은 어느 곳에나 많기 때문이다. 유기동물 보호소나 동물구조단체에 가서 버려진 개를 입양하려는 사람도 있고, 아는 사람을 통해 입양하거나 펫숍이나 인터넷 등을 통해 사는 사람도 있다.

대부분의 동물보호단체에서는 펫숍 등 강아지 공장에서 키워서 파는 개를 사지 말라고 조언한다. 앞에서도 말했지만 강아지 공장은 돈을 벌려는 목적으로 개를 상품처럼 생산해 내는 곳으로, 그곳에서 태어난 개를 산다는 것은 그런 산업을 지탱하게 하는 것과 같기 때문이다. 하지만 유기동물 보호소에서 개를 입양한다면 안락사당할 개 한 마리의 목숨을 구하는 것이다.

순종을 입양하고 싶은데 보호소에는 잡종개만 있을 것 같아서 보호소 개를 입양하는 것을 꺼리는 사람들도 있다. 하지만 유기동

개와 행복하게 살려면 자신에게 잘 맞는 개를 선택하는 것이 중요하다.

물 보호소 개들의 약 3분의 1이 순종이 니 그런 걱정은 하지 않아도 된다. 그레이 하운드, 퍼그 등 특정 품종의 개만 구조 하는 구조 단체도 있으므로 보호소에는 순종견이 많다.

펫파인더닷컴(Petfinder.com)처럼 가정 을 필요로 하는 유기동물에 대한 세계 최대 온라인 데이터베이스를 제공하는 곳도 있으니 집에서 편하게 원하는 개를 찾아볼 수도 있다. 펫파인더닷컴은 각각 의 유기동물 보호소와 연결되어 입양 가 능한 다양한 품종의 개를 수만 마리 소 개하고 있다. 심지어 해외 전쟁 지역에서 근무한 군견 등과 같이 은퇴한 직업견도 입양할 수 있다.

개 한 마리를 입양하는 것 은 생명 하나를 구하는 일 이다.

개를 입양하기 전에 스스로에게 묻기

개를 입양하기 전에 먼저 자신에게 물어야 할 중요한 질문이 몇 가지 있다.

입양이 필요한 개는 세상 어디에나 있다

세계 어느 곳에 살든 가정이 필요한 개는 어디에든 있다. 세계 모든 나라의 유기동물 보 호소에는 함께 정을 나누고 보살펴 줄 사람 가족을 기다리는 온갖 품종의 개가 있다. 그 러니 개를 입양하고자 한다면 꼭 유기동물 보호소로 가자. 원하는 특정 품종의 개가 있 다면 보호소에서는 다 찾아줄 수 있다. 보호소에는 잡종개는 물론 순종도 많기 때문이 다. 심지어 전쟁 지역에서 구조해 온 개도 입양을 기다리고 있다.

🐾 나는 개가 필요로 하는 것을 제공할 수 있는가?

🐾 주도적으로 개를 돌볼 사람이 정해져 있는가?

🐾 가족 모두 개의 입양을 원하는가?

🐾 개를 키우기에 좋은 주거 환경인가? 개 키우기가 금지된 아파 트인가? 개가 뛰놀 수 있는 마당이 있는가?

🐾 하루 중 개가 혼자 남겨져 있을 시간은 얼마나 되는가? 너무 길지 않은가?

🐾 예방접종 비용과 개가 아팠을 때 병원 치료비를 지불할 수 있 는 형편인가?

개에게 인간은 친구일까?

이런 질문은 입양할 개를 찾아보기 전에 먼저 스스로에게 해야 한다. 하지만 실제로 개를 입양할 거라면 이보다 더 많은 질문을 구체적으로 해보아야 한다. 한 생명을 책임지는 일이니 장난감을 사듯 쉬운 일이 아니다.

입양하기 전에 공부한다

개는 살아 있는 생명체로 그들과 함께 살려면 필요한 것이 많고, 때로는 품종에 따라 다르기도 하다. 그러므로 입양할 개를 찾아 나서기 전에 먼저 개에 대한 공부를 하는 것이 매우 중요하다. 책을 읽고, 인터넷을 뒤지고, 유기동물 관련 일을 하는 보호소의 사람이나 동물단체 사람과 이야기를 나누어 보면 개 입양에 대한 정보를 얻을 수 있을 것이다. 개를 입양하기 전에 개의 행동양식과 성격, 어느 정도의 운동량이 필요한지, 얼마나 먹는지 등의 정보뿐만 아니라 품종별 주의점도 알아두어야 한다. 특정 품종의 개에게서 흔히 발생하는 질병에 대해서도 알아두면 좋다.

막상 정보를 모으고 공부를 하다 보면 아직 개를 입양할 준비가 안 되었다는 생각이 들 수 있다. 마음가짐은 물론 주거 환경이나 경제적 능력 등 한 가지라도 충족되지 못한다면 입양을 포기할 수도 있다. 이는 아주 책임감 있고 바람직한 행동이다. 개는 장난감이 아니므로 충동적으로 입양했다가 끝까지 책임지지 못한다면 개에게 큰 충격을 줄 수 있기 때문이다. 지금 당장 입양할 수 없다면 입양이 가능할 때까지 노력하면서 기다린다. 하지만 여전히 개를 입양하고 싶은 마음이 굳건하다면 지금까지 얻은 정보와 지식을 바탕으로 어떤 종류의 개가 우리 집과 맞을지 결정한다.

강아지 입양

개를 입양한다고 바로 행복한 미래가 기다리고 있는 것은 아니다. 개는 각각 성격도 활동성도 다른 개성을 갖춘 생명체이다. 그러므로 개와 잘 지내고 싶다면 서로 맞춰 나가는 시간이 어느 정도 필요하다.

특히 어린 강아지를 입양했다면 강아지에 대해 알아두어야 할 것이 있다. 강아지는 아직 어리므로 호기심이 많아서 탐색을 좋아하고 에너지가 넘치고 모든 것에 관심을 보이며 달려든다. 그러므로 강아지의 성장 상태에 따른 행동을 이해해야 한다.

강아지는 이빨이 새로 나기 때문에 근질근질해서 씹는 것을 좋아한다. 따라서 만약 강아지가 혼자 있게 된다면 가구, 커튼, 음식, 책, TV 리모콘 같은 것은 숨겨 두는 것이 좋다. 강아지가 씹어서 못 쓰게 될 수도 있다. 귀중한 물품은 물론 전깃줄, 화학제품 등도 감춰 두어야 한다. 강아지에게 위험하기 때문이다. 씹다가 조각을 삼키면 위험한 작은 장난감이나 플라스틱 가방 등도 잘 관리해야 한다. 대신 씹기에 좋은 개껌이나 장난감을 제공한다. 사람이 잘 관리하지 않다가 물건을 망친 후 괜히 강아지한테 화풀이하지 말고.

배변훈련도 잘 시켜야 한다. 어렵지 않게 금방 익히는 개도 있지만 오래 걸리는 개도 있으니 인내심을 갖고 지켜봐야 한다. 특히 어른 개와 달리 강아지는 실수를 더 많이 하므로 배변훈련을 마칠 때까지 인내심을 가져야 한다.

또한 강아지는 좁은 공간으로 몸을 잘 밀어넣는다. 혹시 강아지가 벌어진 틈 사이로 빠져나갈 수 있으니 개를 입양한 후에는 문단속이나 울타리 점검을 잘 해야 한다.

자신과 맞는 개를 선택하는 것은 시간과 노력이 필요하다.

우리 집에 맞는 개를 선택한다

개를 선택하러 가기 전에 내가 좋아하는 개는 어떤 품종인지, 어떤 외모와 어떤 성격의 개인지에 대해 먼저 생각해 보아야 한다. 나는 털이 긴 개를 좋아하나? 털이 짧은 개를 좋아하나? 엄마는 털이 많이 빠지는 개를 싫어하지 않을까? 털이 긴 개는 미용을 자주 해 줘야 하지 않을까? 대형견은 목욕시키기가 어렵지 않을까? 나는 움직이는 것을 싫어하니 얌전한 개가 좋지 않을까?

개를 입양한다는 것은 개를 잘 보살펴야 한다는 것이다. 그런데 어떤 개는 다른 개보다 더 많이 먹고, 더 많이 산책시켜야 하고, 더 자주 목욕을 시키고, 더 자주 털을 깎아주어야 하는 등 더 많은 보살핌을 필요로 한다. 개를 키우는 일은 즐겁기만 한 것이 아니라 큰 책임이 따르는 일이므로 꼼꼼하게 따져서 우리 집에 맞는 개를 선택해야 한다.

보더콜리, 잭러셀테리어, 시베리안허스키 등은 활동성이 좋은 품종이라서 많은 활동과 운동이 필요하다. 그래서 움직이는 것을 싫어하거나 외출을 자주 하지 않는 집에 입양되는 것은 바람직하지 않다.

반면 불도그와 바셋하운드는 달리기를 하러 나가자고 매일 조르는 가족을 좋아하지 않을 것이다. 마찬가지로 작은 아파트에서 산다면 그레이트데인이나 세인트버나드와 같은 대형견은 입양하지 않는 것이 좋다. 이처럼 개와 사람의 성격과 환경이 잘 맞지 않는데 우겨서 입양한다면 서로 불행해질 수 있다. 사람의 생활양식, 활동성, 주거환경과 어울리는 개를 입양하는 것이 서로가 행복해지는 지름길이다.

개를 케이지에 가두지 않는다

많은 사람들이 개 훈련을 시킨다고 하면서 개를 폐쇄된 공간에 가두는 경우가 있다. 교육을 시키면서 플라스틱이나 철로 된 케이지에 잠시 가두는 것은 상관없지만 벌을 준다고 장시간 가두는 것은 좋지 않다. 배변훈련에 실패했거나 가구를 망쳤다고 벌로 케이지에 개를 장시간 가두는 것은 교육 효과도 없고 개에게 상처만 준다.

케이지에 갇히는 것은 개에게 지겹고 괴롭고 외로운 일이다. 어쩌면 집 밖에 줄로 묶이는 것보다 더 나쁠 수도 있다. 그러므로 개를 케이지에 가두는 것이 좋은 교육 방법이라고 하는 사람들의 말을 믿어서는 안 된다. 만약 개란 모름지기 케이지에 자주 가두어야 한다고 생각한다면 지금 당장 개와 함께 사는 것을 포기하고 다른 사람에게 개를 입양시키는 것이 좋다. 그것이 개의 행복을 위해 훨씬 좋은 결정이다.

입양하기 전에 개와 시간을 보낸다

마침내 입양하고 싶은 개를 찾았다고 덥석 집으로 데리고 오지 않는다. 서로 잘 맞는지 조금 더 서로를 알아가는 시간이 필요하다. 서로를 알기 위해서는 함께 시간을 보내 보는 게 최고이다. 유기동물 보호소에 따라 사람과 동물이 함께 시간을 보낼 수 있는 특별한 공간이 마련되어 있는 곳도 있으니 그곳에서 함께 시간을 보내 본다. 함께 시간을 보낸다는 의미가 단지 몇 분 동안 함께 있는 것은 아니다. 적어도 한두 시간 동안 머무르면서 개가 어떤 성격의 개인지 알 수 있어야 한다. 함께 산책을 나가 보는 것도 좋은 방법이다.

만약 유기동물 보호소가 아니라 함께 살던 개를 포기하는 사람에게서 개를 입양하려고 한다면 가족과 함께 직접 그 집으로 가보아야 한다. 그래서 집과 마당에서 개와 시간을 함께 보내면서 개의 성격을 파악하고 우리 집과 맞는 개인지 살펴본다. 또한 전주인에게 개에게 문제는 없는지, 왜 포기하는지 등 궁금한 것을 물어본다. 이런 만남 후에도 함께할 자신이 있다면 가족과 상의를 한다. 개는 가족과 함께 살아야 하므로 가족이 모두 동의해야 한다. 그래야 개도 사람도 행복하다. 가족이 모두 동의했다면 그때 입양을 결정한다.

입양 신청을 하고 기다린다

유기동물 보호소에서 개를 입양하려면 대부분 신청서를 작성해야 하고, 보호소 직원과 면담을 하는 등 절차를 밟아야 한다. 입양을 원하는 사람이 있다고 바로 개를 내주지 않는다는 뜻이다.

보호소 직원은 개가 어디에 살지, 개 산책은 누가 책임질지, 집에 다른 반려동물이 있는지, 하루 중에 개가 집에 혼자 있는 시간은 얼마나 되는지 등을 꼼꼼하게 물을 것이다. 제대로 보살피지 못하거나 입양해 갈 개를 또 버릴 수 있는 가정에 개를 보내지 않기 위해 여러 가지를 묻고 확인한다.

물론 면담 시간은 내가 입양해 갈 개에 대해서 마지막으로 보호소 직원에게 물어볼 수 있는 좋은 기회이기도 하다. 아무래도 보호소 직원은 개와 함께 오래 있어 봐서 개에 대해 잘 알 테니 궁금한 것이 있다면 이때 물어보면 좋다.

보호소 규정에 따라 다르겠지만 딱히 문제가 없어 순조롭게 일이 진행된다면 대부분 입양을 신청한 다음 날이면 승인 절차가 끝난다.

승인 절차가 끝나고 마지막으로 입양비를 지불하면 개와 함께 집으로 갈 수 있다. 대부분의 적법한 유기동물 보호소의 입양 절차는 이렇게 진행된다.

강아지 수호천사

가난한 지역의 개들에게 희망을

P. J. 베일롯과 트루디 새틀러는 캐나다에 가장 먼저 정착해 살았던 원주민 공동체인 퍼스트네이션에 보살핌을 제대로 받지 못하는 개가 많다는 사실을 알게 되었고, 당장 그곳의 개를 돕기 위한 행동에 들어갔다.

베일롯과 새틀러는 퍼스트네이션 개를 보호하는 프로젝트를 시작한 다음 동물구조단체 네트워크를 통해서 확장시켜 나갔다.

어느 곳에나 도움이 필요한 개는 많다.

퍼스트네이션에 있는 개를 돕고 있다.

퍼스트네이션의 쓰레기 더미에서 개를 구출하고 있다.

프로젝트는 순조롭게 진행되어 의료진이 그곳을 찾아 개 수백 마리의 건강을 살폈고, 중성화수술을 시켰다. 또한 그곳에서 구조한 개 중 많은 수가 입양되었으며 입양되지 못한 개들도 입양 가정이 많은 도시로 옮겨왔다.

베일롯과 새틀러 덕분에 사람들이 퍼스트네이션의 개들에게 관심을 갖기 시작하자 그곳의 많은 개는 보살핌을 받기 시작했고, 좋은 집으로 입양되는 등 상황이 훨씬 나아졌다.

8장

개를 돕는 일에
상상력을 발휘하라

사료 전달부터 동물용 방탄조끼, 산소 마스크까지!

지금 이 순간에도 전 세계 곳곳에서는 수천 명의 사람들이 위험에 처한 개를 돕기 위해 일하고 있다. 그들이 바로 강아지 수호천사들(Dog Champions)이다. 단 한 마리의 개를 돕는 사람일 수도 있고, 수백 마리 또는 수천 마리의 개를 돕는 단체일 수도 있다. 그런 사람과 단체가 보여 주는 생명에 대한 연민, 헌신, 노력이 이 세상을 개에게 좀 더 친절한 곳으로 변화시킨다.

좋은 유기동물 보호소를 구별하는 법

개를 도우려고 애쓰는 동물보호단체는 셀 수 없이 많다. 하지만 단체 소유의 보호소를 가지고 있는 동물보호단체는 많지 않고, 대부분 구조된 개를 일반 개인회원이 맡아서 임시 보호해 주는 것에 의존하고 있다. 임시 보호자들은 구조된 개를 자신의 집에 데리고 가서 개가 좋은 집으로 입양 갈 때까지 보살핀다. 음식을 제공하고, 산책을 시키고, 아픈 곳이 없는지 살피고, 좋은 반려견이 되는 교육도 시키는 등 개에게 필요한 모든 것을 제공한

입양 말고도 개를 돕는 방법은 많다

현재 세계 곳곳에는 수천 개의 개 보호단체들이 개를 구조해서 좋은 가정에 입양시키기 위해 열심히 일하고 있다. 물론 버려진 개와 동물보호단체를 가장 현실적으로 돕는 방법은 개를 입양하는 것이다. 하지만 사람들은 저마다 상황이 다르고 당장 개를 입양하여 평생 돌볼 수 있는 형편이 안되는 사람도 있다.

그럴 때에는 입양할 수 없으니 도울 방법이 없다고 돌아서지 말고 다른 방법으로 도움을 주자. 많은 동물보호단체는 언제나 사람들의 도움이 필요하다. 거리에서 떠도는 유기동물을 포획하여 구조하는 활동에 직접 참여하거나 유기동물 보호소에서 청소나 산책 봉사를 하고, 입양 보내기 전까지 임시보호를 맡는 등 할 수 있는 일은 많으니 동물보호단체에 연락해 본다. 어려움에 처한 생명을 돕는 일은 꼭 거창한 일이 아닐 수도 있다.

다. 이처럼 많은 동물보호단체는 개인회원과 단체 직원들이 긴밀
하게 협력하면서 유지된다.

　　대부분의 동물보호단체가 헌신적인 사람들에 의해 운영되지
만 그렇지 않은 곳도 있다. 어떤 동물보호단체가 좋은 곳인지 나
쁜 곳인지 선별하는 것은 매우 중요하다. 나의 경제적·육체적 지
원이 실제로 동물에게 가지 않을 수도 있기 때문이다.

　　먼저 단체가 정식으로 등록된 비영리 혹은 자선단체인지 확인
한다. 또한 올바른 단체라면 단체 관계자들이 개에 대한 풍부한
지식을 가지고 있어야 한다. 입양 절차도 꼼꼼히 챙기고, 입양 희
망자가 나타나면 상세한 질문지와 면담에 성실히 임할 것을 요구

진심으로 개를 돕는 개인과
단체의 노력 덕분에 세상이
좀 더 개에게 친절한 곳이 되
고 있다.

할 것이다. 가정을 직접 방문해서 개를 입양할 준비가 된 곳인지 확인하고 난 뒤에야 개를 입양할 수 있도록 허락한다면 아주 좋은 단체이다. 또한 모든 입양자에게 필요한 요구사항과 책임사항이 적힌 계약서에 서명하고 계약서에 적힌 사항을 지키도록 요구해야 한다. 이런 절차 없이 입양을 희망하자마자 제대로 살펴보지도 않고 덜컥 개를 전달해 주는 곳이라면 의심해 볼 만한 단체이다.

동물보호단체가 보호소를 가지고 있다면 직접 보호소를 방문해서 보호소 직원들이 개에게 친절한지, 보호소는 깨끗한지, 보호소의 개가 건강하고 행복해 보이는지 확인해 본다. 모든 보호소는 보호소의 개가 아플 때 동물병원에 데리고 가거나 수의사를 불러서 의료적 보살핌을 제공해야 한다. 모든 개의 건강 기록도 열람 가능하도록 보관되어 있어야 한다. 또한 모든 개가 입양되기 전에 반드시 중성화수술을 시키는 곳이 좋은 보호소이다.

이 밖에 전쟁지역, 재난지역, 빈곤한 지역 등 의료 혜택을 받을 수 없는 곳에서 개를 구조해서 보호하는 전문적인 동물보호단체도 있다.

동물보호에 국경은 없다

2001년 루마니아로 여행을 간 낸시 존스는 길거리에서 배회하는 집 없는 개를 많이 보았다. 길거리 개들은 영양이 형편없어 보였고, 병으로 고통스러워 보였으며, 학대를 받은 흔적도 보였다. 낸시는 미국 캘리포니아로 돌아와 '루마니아동물구조(RAR, Romania Animal Rescue)' 활동을 시작했다. 그 후 낸시는 루마니아동물구조 활동을 통해서 8천7백 마리 이상의 개에게 중성화수술을 시킬 기금을 제공했고, 3백 마리 이상의 개를 입양시켰으며 많은 수의 루마니아 유기동물 보호소를 도왔다. 동물을 돕는 일에는 국경이 따로 없다.

개를 돕는 일에 상상력을 발휘하라

    강아지 수호천사는 여덟 살일 수도 있고 여든 살일 수도 있다. 어린아이든 어른이든 상관없이 개를 돕겠다는 의지만 있으면 누구나 강아지 수호천사가 될 수 있다. 말로만 동물보호를 이야기하지 않고 직접 행동하고 실천하는 사람들의 이야기는 많은 사람에게 영감을 준다. 세계 곳곳에서 자기의 능력을 최대한 발휘해서 동물을 돕는 사람들의 이야기를 찾아가 보자. 도움이 필요한 개들에게 요소요소에서 도움의 손길을 뻗는 사람들의 이야기는 전통적인 동물보호운동만 하는 사람들에게 동물보호운동에 어떤 상상력이 필요한지 영감을 줄 것이다.

동물용 산소 마스크가 필요하다

    열 살 모니카 플럼은 호흡곤란을 겪는 사람을 살려내는 데 필요한 산소 마스크가 개, 고양이 등의 동물에게는 사용되지 않는다는 사실을 알게 되었다. 얼굴 구조가 다르기 때문에 사람용 산소 마스크는 위급한 동물에게 도움이 되지 않는다.

    모니카는 동물들을 위해 특수 제작된 산소 마스크를 구입하는 데 필요한 기금을 모으기 시작했다. 동물용 마스크는 수의학적으로 동물들에게 딱 맞게 제작된 것으로 튼튼하고 재사용이 가능하

소방서나 응급구조센터에는 사람을 위한 산소 마스크 이외에 동물용 산소 마스크도 필요하다.

며 그다지 비싸지도 않다. 그리고 무엇보다 이 마스크는 파충류부터 큰 개에 이르기까지 거의 모든 동물에게 사용 가능하다는 것이 장점이다.

　모니카는 자신의 활동을 알리기 위해 웹 사이트 펫마스크닷컴(PetMask.com)을 시작했다. 모니카의 노력 덕분에 현재까지 버지니아를 비롯한 여러 곳의 소방서와 응급 의료 시설에 300여 개 이상의 마스크가 기증되어 수많은 동물의 생명을 살릴 수 있게 되었다.

펫마스크닷컴은 수백 마리의 동물들에게 희망을 준다.

유기동물 보호소에 사료를 전달하다

　열한 살 미미 오슬랜드는 자기 집 근처에 있는 유기동물 보호소 동물들의 먹이가 풍족하지 않음을 알게 되었다. 그래서 보호소의 동물들이 배불리 먹기를 바라는 마음으로 활동을 시작했다. 가장 먼저 2008년 4월 1일에 웹사이트 프리키블닷컴(freekibble.com)을 개설한 미미는 6월 1일에 고양이를 위한 웹사이트 프리키블캣닷컴(freekibblekat.com)을 열었다.

　온라인을 통해 활동을 시작한 지 한 달 후 미미는 사료 108킬로그램을 센트럴오리건 휴메인소사이어티 보호소에 기증했다. 이를 시작으로 미미의 활동은 점점 활기를 띠기 시작했고, 거기에 힘을 얻어서 더 활동적으로 일하게 되었다. 현재 프리키블닷컴은 세계에서 방문자가 가장 많은 동물보호 사이트 중 하나가 되었다.

　이런 노력은 프리키블닷컴재단 설립으로까지 이어져 자기가 살

고 있는 세계 어디에서나 지역의 유기동물 보호
소를 돕고 싶은 어린이들이 기금 모금을 할 수 있
도록 지원하고 있다.

1천 마리 개에게 가정을 찾아주다

아찰라 파니는 청소년 때 인도 방갈로르 시에
있는 길거리 개를 돕는 단체인 '다함께살아요(Let's
Live Together)'를 설립했다. 아찰라는 지난 10년 동
안 길거리 개를 구조하는 것은 물론 입양 캠프와
인식개선 프로그램을 열고, 방갈로르 시 곳곳에

아찰라 파니는 천 마리 이상
의 집 없는 개에게 새로운 가
족을 찾아주었다.

서 열리는 대중 집회를 찾아가 사람들에게 호소하는 활동을 통
해 1천여 마리의 길거리 개들에게 좋은 가정을 찾아주었다.

열정적인 사진가이기도 한 아찰라는 인도의 거리에서 사는 개
들의 모습을 담은 수천 장의 사진을 촬영해서 개 보호 캠페인에

개를 돕는 동물보호단체

아시아
Compassion Unlimited Plus Action
Blue Cross
Welfare of Stray Dogs
Bali Street Dog Foundation
Pet100
Animal Asia Foundation

영국
Dogs Trust
Battersea Dog's Home

RSPCA(Royal Society for the Prevention of Cruelty
to Animals)
WSPA(World Society for Protection of Animals)

미국
PETA(People for the Ethical Treatment of Animals)
North Shore Animal League
HSUS(Humane Society of the United States)
ASPCA(American Society for the Prevention of
Cruelty to Animals)
Veterinarians Without Borders

사용하고 있다. 아찰라는 동물을 위해 헌신한 활동을 인정받아 2010년에 유명한 영어치버어워드(Young Achiever Award, 모범청소년상)를 수상했다.

강아지 공장의 비참함을 멈추게 하다

열세 살 테레사 에드워즈는 자신이 살고 있는 워싱턴 주의 강아지 공장에 대한 글을 읽고 충격을 받았다. 테레사는 친구 오드리 롱과 함께 강아지 공장 문제를 해결하기 위한 노력을 바로 시작했다.

먼저 그들은 워싱턴 주 상원의원과 하원의원들에게 강아지 공장의 문제에 대해 알리고 강아지 공장에 강도 높은 동물보호 기준을 적용하는 법안을 마련하도록 촉구하는 편지를 쓰기 시작했다. 2008년 상원의원 잔 콜웰즈는 강아지 공장에서 태어나 제대

개에게 인간은 친구일까 ?

우리 집 개는 행복할까?

밖의 불쌍한 유기동물을 돕는 것도 중요하지만 그것만큼 중요한 것은 우리 집 개의 행복이다. 우리 집 개는 행복할까? 매일 집에 혼자 갇혀 있는 개들은 외로움과 지루함에 괴로워하며 지쳐 간다. 개의 삶은 잠을 자거나 사람 가족이 돌아오기만 기다리는 것이 전부가 아니다. 개들에게는 다양한 자극과 적절한 운동, 다른 생명체와의 상호관계가 필요하다.

자연적인 환경이었다면 개는 자신의 무리와 함께 놀고 사냥하며 행복하게 지냈을 것이다. 그러므로 개가 하루 중에 대부분을 혼자서 사람을 기다리며 보낸다면 다른 방법을 찾아야 한다. 낮에 다른 개와 함께 놀 수 있는 공간에 맡기는 것은 어떨까? 또한 밤에 늦게 들어와서 개와 잠시 인사만 나누고 잠만 자거나 휴일에도 피곤하다고 잠만 자거나 친구를 만나러 나간다면 개와 함께 사는 의미가 없다. 그 또한 학대와 다를 바 없다. 그러므로 최대한 노력해야 한다. 종종 다른 개와 어울릴 수 있는 곳에 보내거나, 펫시터에게 산책을 맡기거나, 귀가 후에는 시간이 부족해도 밀도 있게 놀아주고, 휴일에는 함께 많은 시간을 보내는 등 노력해야 한다. 개를 위한다면 불쌍한 개는 물론 우리 집의 반려견부터 행복하게 해 주어야 한다.

로 보살핌을 받지 못해서 아픈 개를 구입한 소비자를 보호하는 새로운 법안을 마련하고 있다고 테레사와 오드리에게 알려왔다.

잔의 편지를 받은 테레사와 오드리는 그 법안을 지지하기로 결정하고 지지운동을 시작했다. 또한 법안을 통과시키기 위해 입법가들 앞에서 연설도 했지만 안타깝게도 법안은 통과되지 못했다.

그러나 둘은 포기하지 않았다. 상하원의원들에게 더 많은 편지를 보내기 시작했다. 그러자 상원의원 잔 콜웰즈는 이번엔 강아지 공장의 동물복지 문제에 좀 더 초점을 맞춘 새 법안을 마련했다. 이번에도 테레사와 오드리는 법안 승인을 담당하는 주 의회와 상원의회 관련 위원회의 모든 사람에게 새로운 법안에 대한 지지 편지를 써서 보내는 것은 물론 직접 방문하여 설득하기 시작했다.

강아지 공장에 관한 새로운 법은 테레사와 오드리의 활동 덕분에 제정될 수 있었다.

● 개를 돕는 일에 상상력을 발휘하라

마침내 테레사와 오드리의 긴 노력이 결실을 보게 되었다. 잔 콜웰즈의 강아지 공장 법안은 통과되었고, 2009년 4월 법률로 제정되었다.

경찰견에게 방탄조끼를!

2000년 열 살이던 스테이시 힐먼은 보호가 필요한 경찰견에 대한 기사를 읽었다. 경찰과 함께 파트너가 되어 임무를 수행하는 경찰견은 칼이나 총으로 무장한 흉악범과 대치하는 등 늘 위험한 상황에 노출된다. 그런데 경찰 재정이 좋지 않아 총탄과 칼부림으로부터 경찰견을 보호할 수 있는 방탄조끼를 마련할 형편이 못 되었던 것이다.

스테이시는 기사를 읽자마자 경찰서를 찾아가 방탄조끼를 사기 위한 기금 마련 활동을 벌이겠다고 밝히고 허락해 달라고 부탁했다. 경찰은 스테이시의 활동을 승인해 주었다. 스테이시는 경찰견에게 방탄조끼가 필요한 이유를 꼼꼼히 적은 다음 기부금함에 붙여서 동물병원 등 동물을 좋아하는 사람들이 모이는 여러 장소에 설치했다. 이런 스테이시의 모금 활동은 사람들의 입을 통해 전해져 TV, 신문 등과 인터뷰도 했다. 또래 친구들을 대상으로 자신의 활동을 알릴 수 있는 강연 초청에도 응했다.

오래지 않아 스테이시가 만든 단체인 '경찰견을보호하기위한기금(Pennies to Protect Police Dogs)'은 공식 자선단체가 되었다. 지금까지 이 단체는 25만 달러 이상의 기금을 모았고, 수백 마리의 경찰견에게 방탄조끼를 선물했다.

노인을 돕는 노견

"일단 시작해 보세요."라고 매디 라페티는 말한다. 정이 많은 열다섯 살 매디는 어떤 방법으로든 지역 사회를 위해 봉사하고 싶었다. 그러다가 '노인을돕는노견(Senior Dogs for Seniors, 나이 많은 유기견을 구조해서 노인이 있는 가정에 입양시켜 노견과 노인이 서로 의지하며 지낼 수 있도록 돕는 단체)'이라는 단체를 알게 되었다. 사람과 동물을 함께 도울 수 있는 멋진 기회라고 생각했다.

매디는 바로 단체의 자원봉사자가 되었다. 구조된 개들이 보호소에서 건강하고 행복하게 지낼 수 있도록 산책을 시키고, 같이 놀아 주면서 사회성을 기르는 일 등을 했다. 단체는 개에게 좋은 가정을 찾아주기 위해 주말마다 입양 행사를 벌였는데 매디도 진행 요원으로 늘 함께했다. 개에게 사랑을 듬뿍 줄 수 있는 가정을 찾고, 입양시킨 후에는 건강하게 잘 지내고 있는지 확인하기 위해 가정방문도 했다. 매디가 봉사활동을 하면서 가장 행복할 때는 개가 새 가족에게 애정을 퍼부으면서 잘 적응해 활력 넘치게 지내는 모습을 보는 것이다.

매디는 동물을 돕는 일을 하고 싶어 하는 사람들에게 조언한다.

"일단 시작해 보세요. 잃을 것은 아무것도 없어요. 기금 마련 운동을 시작해도 되고, 유기동물 보호소의 개를 산책시키는 일을 해도 됩니다. 동물을 구조하는 활동에 직접 참여해도 되고요. 관련 활동을 하는 사람이나 단체에 어떤 도움이 필요한지 물어보세요. 어떤 일이라도 다 도움이 된답니다."

길거리 동물을 돕다

열세 살 클레어 애브람스는 부모님이 인도에서 길거리 개를 위한 '동물지원(Animal Aid)' 보호소를 설립하자 부모님과 함께 개들을 돕기 시작했다. 클레어는 보호소에서 일을 하며 개를 돌보는 방법을 빠르게 익힌 후 보호소 사람들에게 자신이 배운 지식을 나눴다. 동물을 친절하게 대하는 방법, 밥을 먹이는 방법, 목욕에 익숙하지 않은 길거리 개들을 목욕시키는 방법, 어려운 환경 때문에 의욕을 잃은 개의 기운을 북돋는 방법, 목줄을 하고 산책시키는 방법 등 동물을 보살피는 기초적인 방법을 보호소 직원들에

개를 돕는 일에 상상력을 발휘하라

매디는 노인을 돕는 노견 단체에서 활동한다. 매디는 조언한다. "동물을 돕고 싶다면 일단 시작해 보세요. 잃을 것은 아무것도 없어요."

클레어는 지역 어린이들에게 개를 올바르게 돌보는 방법에 대해 가르친다.

게 교육했다.

여러 해 동안 보호소에서 일하면서 이제는 다른 동물 관련 문제에 대한 인식 개선 활동도 돕고 있다. 고통받고 있는 개들에게 클레어는 좋은 친구이자 수호천사가 되었다.

이처럼 세계 곳곳에는 불행에 빠진 개를 돕는 사람들이 너무나 많아서 일일이 다 언급하기가 불가능하다. 아마 이 책을 읽는 독자 주변에도 지금 이 순간 동물을 돕는 사람이 분명 있을 것이다. 그들은 대단하고 특별한 사람들이 아니라 다양한 나이와 배경을 가진 평범한 사람들이다. 단지 눈앞에 도움이 필요한 개가 나타났을 때 외면하지 않고 행동에 나선 용기 있는 사람일 뿐이다.

누구나 지금까지 소개한 사람들과 같은 일을 할 수 있다. 보살핌을 제대로 못 받고 학대당하고 있는 개를 만난다면 외면하지 말고 손을 내밀면 된다. 동물보호운동은 대단한 일이 아니다. 눈앞에 버려진 개 한 마리를 돕는 것이 동물보호운동의 시작이다.

강아지 수호천사

개고기 시장에서 구조된 에디

에디는 비쩍 마르고 온몸 구석구석 물린 상처가 있는 채로 녹슨 철장 안에 갇혀 있었다. 그곳은 개고기 시장이었다. 에디는 자신에게 다가와 몇 초 동안의 위로라도 주려고 철장 안으로 손을 내미는 사람들의 손을 핥았다. 애니멀아시아재단(Animal Asia Foundation) 설립자인 질 로빈슨은 에디를 처음 보았을 때 아무것도 해 줄 수 없다는 무력감을 느꼈다. 에디를 구하더라도 그곳은 또 다른 개로 채워질 것이고 사람들은 그 개를 잡아서 먹을 것이었기 때문이다. 하지만 에디를 지나칠 수 없었던 질은 에디를 구출해 냈다.

홍콩으로 옮겨진 에디는 보살핌을 받자 금방 건강을 되찾았다.

14년 동안 무덤을 지킨 개

몸집이 작은 스카이테리어 종인 보비는 스코틀랜드의 에든버러 시 경찰서 야간순찰 업무를 담당하던 존 그레이의 충직한 반려동물이었다. 그런데 1858년 2월 존이 죽고 말았다. 사람들은 존을 공동묘지에 묻었다.

그런데 존을 공동묘지에 묻은 후 매일 보비가 공동묘지에 나타나기 시작했고, 보비는 그 후 14년 동안 하루도 빠지지 않고 존을 찾았다. 그렇게 매일 반려인인 존을 찾던 보비는 마침내 1872년 나이가 들어 죽었다. 그때 보비의 나이는 열여섯 살이었다.

보비의 존에 대한 사랑은 사람들의 마음을 울렸고 사람들은 존의 무덤 곁을 지키던 보비의 모습을 조각해서 옆에 세웠다. 지금도 스코틀랜드 에든버러에 가면 보비상을 만날 수 있다.

보비의 이야기는 지금까지 사람들에게 많은 교훈을 주고 있다. 인간의 좋은 친구이자 가족인 개는 사람과 진정한 사랑을 나눴다면 언제나 받은 것보다 몇 배 더 돌려준다는 것이다. 보비만이 아니라 세상의 모든 개가 그렇다.

● 개에게 인간은 친구일까?

개고기 시장에서 잡혀 먹히기 직전에 구조된 에디는 동물매개 프로그램에 참여하면서 개는 음식이 아니라 인간의 친구임을 알리는 홍보견으로 활동하고 있다.

건강해진 에디는 동물을 통해 아픈 사람들을 치료하는 동물매개 치료 프로그램인 닥터도그에 합류했다. 현재 닥터도그에서 활동하고 있는 에디는 닥터도그의 홍보견으로 활동하며 사람들이 동물에 대해 갖고 있는 잘못된 생각을 변화시키는 데 도움을 주고 있다.

잡지, 신문에도 소개되면서 에디는 국제적으로도 유명해졌다. 미국의 뉴스 전문채널 CNN의 〈토크 아시아(Talk Asia)〉, 다큐멘터리 전문 채널 내셔널지오그래픽의 〈직업을 가진 개들(Dogs with Jobs)〉에도 출연했다.

또한 에디는 애니멀아시아재단이 에디의 이야기를 소재로 만든 영화 〈닥터 에디―친구인가 음식인가?(Dr. Eddie–Friend or Food?)〉의 해설자이자 주인공이다. 에디는 여러 활동을 통해 사람들에게 개와 고양이는 인간의 친구이지 음식이 아니라는 것을 온몸으로 알리고 있다.

강아지 수호천사

한 번에 한 마리씩, 개를 위한 변화를 촉구하다

미국 메드포드 중학교의 '동물옹호자(Animal Advocates)' 동아리 소속 학생들은 지역 유기동물 보호소를 지원하고, 일반 반려인들을 대상으로 반려동물에게 중성화수술을 하도록 홍보 활동을 한다. 이 동아리는 비록 방과 후 활동 중 하나일 뿐이며 겨우 8명의 적은 인원으로 시작했지만 지금은 회원수가 40명이 넘고 활동 내용도 점점 다양해지고 있다.

동아리 회원들은 모두 보호소의 유기동물과 일대일 결연관계를 맺은 후 자신과 결연을 맺은 유기동물이 좋은 집에 입양되어 갈 수 있도록 최선을 다해 활동한다. 결연을 맺은 개, 고양이를 직접 만나서 돌보면서 성격과 개성을 파악한 후 사진도 찍고 프로필도 만든다. 학생들이 직접 만든 프로필은 지역 신문의 입양 가능한 동물 코너에 소개된다.

동물옹호자 동아리는 학생들의 활동이 얼마나 큰 변화를 이끌어 내는지 보여 주었다.

메드포드 중학교의 유기동물을 돕기 위한 동아리 활동은 메드포드 시의 유기동물 보호운동과 유기동물 입양 활동에 매우 긍정적인 효과를 일으켰다. 생각이 비슷한 학생들이 모여서 힘을 합치면 얼마나 멋진 일이 일어나는지 보여 주는 경우이다.

개를 입양하는 우리의 약속

🐾 존중하는 마음과 애정을 갖고 친절하게 개를 대한다.

🐾 개가 신체적으로 건강하고, 심리적으로 평안하며, 가족과 애정을 나누며 행복하게 함께 살아갈 수 있도록 한다.

🐾 개에게 반드시 중성화수술을 시킨다.

🐾 꼬리 자르기, 귀 자르기, 성대 제거 등 불필요한 수술을 통해 개의 신체를 훼손시키지 않는다.

🐾 절대로 개를 놀리거나 방치하거나 학대하지 않는다.

🐾 개를 입양하고자 한다면 유기동물 보호소나 동물보호단체를 찾는다.

🐾 만약에 순종 개를 입양하기를 원한다면 특정 품종을 전문으로 구조하는 단체에 알아본다.

🐾 개를 이용해 돈을 버는 동물 쇼를 보지 않는다.

🐾 학교, 회사, 지역 등에서 개를 보호하고 동물을 학대하지 말자는 의견을 내고 활동한다.

🐾 개와 동물을 보호하는 법 제정을 돕는다.

🐾 개를 보호하는 활동을 하는 동물보호단체를 지지한다.

개를 돕는 동물보호단체

American SPCA
www.aspca.org

Animal Aid Unlimited
www.animalaidunlimited.com

Animal Alliance of Canada(project Jessie)
www.projectjessie.ca

Animal Asia Foundation(Dr. Dog)
www.animalsasia.org

Bali Street Dog Foundation
www.balistreetdogs.com

Beagle Freedom Project
www.beaglefreedomproject.org

Best Friends Animal Society
www.bestfriends.org

British Columbia SPCA
www.spca.bc.ca

Canadian Federation of Humane Societies
www.cfhs.ca
www.FindingFido.ca

Detroit Dog Rescue
www.detroitdogrescue.com

Dogs Deserve Better
www.dogsdeservebetter.or

FreeKibble
www.freekibble.com

Greyhound Protection League
www.greyhounds.org

Habitat for Hounds
www.habitatforhounds.com

Help Shelter Animals Stay Happy
www.hsash.org

Humane Society of the United States
www.humanesociety.org

Let's Live Together
www.letlivetogether.wordpress.com

North Shore Animal League
www.animalleague.org

PetMask
www.petmask.com

People for the Ethical Treatment of Animals
www.peta.org

Project Puppy Mills
www.projectpuppymills.kk5.org

SPOT Globally
www.spotglobally.org

Unchain Your Dog
www.unchainyourdog.org

The Welfare of Stray Dogs
www.wsdindia.org

World Society for the Protection of Animals
www.wspa.org.uk

찾아보기

우리 집 마지막 강아지는 삐삐였다. 갈색 얼룩점이 있는 키 작은 강아지였다. 그 전에 같이 살던 강아지가 동네를 돌아다니다가 쥐약을 먹고 죽어서 삐삐는 돌아다니지 못하도록 개집 옆에 줄로 묶어 두었다. 그래서 다행히 삐삐는 쥐약과 관련된 사고를 당하지 않았다.

삐삐는 입이 짧았다. 고기를 좋아했다. 당시 우리 집은 고기 먹는 일이 거의 없었고 주로 생선을 먹었는데 삐삐는 생선 비린내를 싫어했다. 우리는 용돈을 모아 어린이 간식인 소시지를 사서 먹이기도 하고, 학교 급식인 우유를 안 마시고 가져와서 먹이기도 하고, 밥에 라면 분말수프를 살살 뿌려 삐삐에게 고기밥이라고 거짓말을 해가며 먹이기도 했다.

어느 날 집에 어른들이 없어서 삐삐를 집 안으로 데리고 들어와 방바닥에 깔아둔 따뜻한 담요 속에 같이 들어가 누웠다. 삐삐가 '흐음' 하고 한숨을 푹 쉬었다. 삐삐는 우리를 바라보면서 눕더니 곧 잠이 들었다. 삐삐가 우리처럼 한숨을 쉰다는 것이 신기하고 반가웠다. 아, 우리들의 사랑스런 친구.

몇 달 뒤 어느 날 학교에서 돌아오니 삐삐도 개집도 없었다. 어머니가 오천 원에 어느 집에 파셨다고 했다. 우리는 울었다. 어머니는 그 집은 고기를 많이 먹기 때문에 삐삐가 더 잘 살 것이라고 하셨다. 우리는 우리 용돈으로 소시지를 더 많이 사주면 된다며 울었다.

여섯 달 정도 지났을 때 동네 구경을 다니다가 개가 컹컹 짖는 소리를 들었다. 삐삐 목소리 같았다. 놀라서 쳐다보니 어느 집 옥상에서 삐삐가 우리를 보고 짖고 있었다. 우리는 그 집으로 달려갔고 삐삐도 우리가 가까이 오는 것을 보며 계단을 뛰어내려왔다. 삐삐가 낑낑거리는 소리를 들은 주인 아주머니가 밖으로 나오셔서 대문을 열어주었다. 우리는 삐삐를 안았다.

그런데 삐삐가 엄청 무거웠다. 몸무게가 많이 늘어 있었다. 아주머니는 삐삐가 아기를 가졌다고 알려 주었다. 그리고 우리가 삐삐랑 마당에서 노는 동안 솥을 가지고 나와 현관문에 걸터앉으셔서 우리와 삐삐를 지켜보셨다. 아주머니는 닭을 삶아서 삐삐 먹이려고 한다고 설명해 주셨다. 닭뼈는 강아지 목에 걸리면 위험하기 때문에 항상 살을 발라 주어야 한다고도 말씀해 주셨다. 삐삐가 닭살코기를 맛있게 먹는 모습을 보면서 우리는 인사를 하고 나왔다.

　어머니 말씀대로 삐삐는 그 아주머니 집에서 훨씬 행복하게 살고 있었다. 우리 집에서는 쥐약 조심하느라 늘 줄에 묶여 있었고 밤에 마당의 개집에서 혼자 자고 낮에도 집 안에 못 들어왔다. 매일 아침 우리랑 등산도 하고 골목 산책도 함께했지만 우리가 학교에 가 있는 시간에는 혼자 마당 개집에 묶여 있었다. 그런데 그 집에서는 아주머니를 따라 집 안도 자유롭게 들락날락하고 마당뿐만 아니라 옥상도 자유롭게 돌아다닐 수 있었다.

　그 집을 나오는데 미안한 마음이 쑤욱 올라와서 우리는 말없이 한참을 걸었다. 보살핌이 부족했던 우리 집을 떠나 아주머니의 살뜰한 사랑을 받으며 살고 있던 삐삐가 멀리서 우리가 지나가는 것을 보고 반갑다며 컹컹 짖어 준 것이 참 고마웠다. 우리를 만나야 하니 어서 대문을 열어달라고 낑낑 울어 준 것이 참 고마웠다.

　강아지는 사랑이 참 많다.
　강아지는 마음씨가 참 곱다.
　강아지는 어린이의 최고의 친구이다.
　강아지와 어린이가 함께 자라며 서로를 지켜봐 줄 수 있다면 참 좋겠다.

캐나다에서 박성실

책공장더불어의 책

동물권리선언 시리즈 ①
동물원 동물은 행복할까? (학교도서관저널 추천도서)
동물원 북극곰은 야생에서 필요한 공간보다 100만 배, 코끼리는 1,000배 작은 공간에 갇혀 있다. 야생동물보호운동 활동가인 저자가 기록한 동물원에 갇힌 야생동물의 참혹한 삶.

동물권리선언 시리즈 ②
인간과 동물, 유대와 배신의 탄생
미국 최대의 동물보호단체 휴메인소사이어티 대표가 쓴 21세기 동물해방의 새로운 지침서. 농장동물, 산업화된 반려동물 산업, 실험동물, 야생동물 복원에 대한 허위 등 현대의 모든 동물학대에 대해 다루고 있다.

동물권리선언 시리즈 ③
동물 쇼의 웃음 쇼 동물의 눈물
(한국출판문화산업진흥원 청소년 권장도서)
동물 서커스와 전시, TV와 영화 속 동물 연기자, 투우, 투견, 경마 등 동물을 이용해서 돈을 버는 오락산업 속 고통받는 동물의 숨겨진 진실을 밝힌다.

똥으로 종이를 만드는 코끼리 아저씨
(한국출판문화산업진흥원 청소년 권장도서)
코끼리 똥으로 만든 재생종이 책. 코끼리 똥으로 종이와 책을 만들면서 사람과 코끼리가 평화롭게 살게 된 이야기를 코끼리 똥 종이에 그려냈다.

후쿠시마에 남겨진 동물들 (미래창조과학부 선정 우수 과학도서, 환경정의 청소년 환경책 권장도서)
2011년 3월 11일, 대지진에 이은 원전 폭발로 사람들이 떠난 일본 후쿠시마. 다큐멘터리 사진작가가 담은 '죽음의 땅'에 남겨진 동물들의 슬픈 기록.

야생동물병원 24시
로드킬 당한 삵, 밀렵꾼의 총에 맞은 독수리, 건강을 되찾아 자연으로 돌아가는 너구리 등 대한민국 야생동물이 사람과 부대끼며 살아가는 슬프고도 아름다운 이야기.

동물과 이야기하는 여자
SBS 〈TV동물농장〉에 출연해 화제가 되었던 애니멀 커뮤니케이터 리디아 히비가 20년간 동물들과 나눈 감동의 이야기. 병으로 고통받는 개, 안락사를 원하는 고양이 등과 대화를 통해 문제를 해결한다.

펫로스 반려동물의 죽음 (아마존닷컴 올해의 책)
동물 호스피스 활동가 리타 레이놀즈가 들려주는 반려동물의 죽음과 무지개 다리 너머의 이야기. 펫로스(pet loss)란 반려동물을 잃은 반려인의 깊은 슬픔을 말한다.

치료견 치로리 (어린이문화진흥회 좋은 어린이책)
비 오는 날 쓰레기장에 버려진 잡종개 치로리. 죽음 직전 구조된 치로리는 치료견이 되어 전신마비 환자를 일으키고, 은둔형 외톨이 소년을 치료하는 등 기적을 일으킨다.

임신하면 왜 개, 고양이를 버릴까?
임신, 출산으로 반려동물을 버리는 나라는 한국이 유일하다. 세대 간 문화충돌, 무책임한 언론 등 임신, 육아로 반려동물을 버리는 사회현상에 대한 분석과 안전하게 임신, 육아 기간을 보내는 생활법을 소개한다.

책공장 더불어 블로그
http://blog.naver.com/animalbook

나비가 없는 세상
(어린이도서연구회에서 뽑은 어린이·청소년 책)

고양이 만화가 김은희 작가가 그려내는 한국 최고의 고양이 만화. 신디, 페르캉, 추새. 개성 강한 세 마리 고양이와 만화가의 달콤쌉싸래한 동거 이야기.

채식하는 사자 리틀타이크
(아침독서 추천도서, 교육방송 EBS 〈지식채널e〉 방영)

육식동물인 사자 리틀타이크는 평생 피 냄새와 고기를 거부하고 채식 사자로 살며 개, 고양이, 양 등과 평화롭게 살았다. 종의 본능을 거부한 채식 사자의 9년간의 아름다운 삶의 기록.

유기동물에 관한 슬픈 보고서
(환경부 선정 우수환경도서, 어린이도서연구회에서 뽑은 어린이·청소년 책, 한국간행물윤리위원회 좋은 책, 어린이문화진흥회 좋은 어린이책)

동물보호소에서 안락사를 기다리는 유기견, 유기묘의 모습을 사진으로 담았다. 인간에게 버려져 죽임을 당하는 그들의 모습을 통해 인간이 애써 외면하는 불편한 진실을 고발한다.

개·고양이 자연주의 육아백과

세계적 홀리스틱 수의사 피케른의 개와 고양이를 위한 자연주의 육아백과. 40만 부 이상 팔린 베스트셀러로 반려인, 수의사의 필독서. 최상의 식단, 올바른 생활습관, 암, 신장염, 피부병 등 각종 병에 대한 세세한 대처법도 자세히 수록되어 있다.

개, 고양이 사료의 진실

미국에서 스테디셀러를 기록하고 있는 책으로 반려동물 사료에 대한 알려지지 않은 진실을 폭로한다. 2007년도 멜라민 사료 파동 취재까지 포함된 최신판이다.

개가 행복해지는 긍정교육

개의 심리와 행동학을 바탕으로 한 긍정 교육법으로 50만 부 이상 판매된 반려인의 필독서이다. 짖기, 물기, 대소변 가리기, 분리불안 등의 문제를 평화롭게 해결한다.

용산 개 방실이
(어린이도서연구회에서 뽑은 어린이·청소년 책, 평화박물관 평화책)

용산에도 반려견을 키우며 일상을 살아가던 이웃이 살고 있었다. 용산 참사로 갑자기 아빠가 떠난 뒤 24일간 음식을 거부하고 스스로 아빠를 따라간 반려견 방실이 이야기.

인간과 개, 고양이의 관계심리학

함께 살면 개, 고양이는 닮을까? 동물 학대는 인간 학대로 이어질까? 248가지 심리실험을 통해 알아보는 인간과 동물이 서로에게 미치는 영향에 관한 심리 해설서.

강아지 천국

반려견과 이별한 이들을 위한 그림책. 들판을 뛰놀다가 맛있는 것을 먹고 잠들 수 있는 곳에서 행복하게 지내다가 천국의 문 앞에서 사람 가족이 오기를 기다리는 무지개 다리 너머 반려견의 이야기.

고양이 천국

고양이와 이별한 이들을 위한 그림책. 실컷 놀고 먹고 자고 싶은 곳에서 잘 수 있는 곳. 그러다가 함께 살던 가족이 그리울 때면 잠시 다녀가는 고양이 천국의 모습을 그려냈다.

개에게 인간은 친구일까?

초판 1쇄 2014년 2월 24일

지은이 로브 레이들로
옮긴이 박성실

펴낸이 김보경
펴낸곳 책공장더불어
편 집 김보경
교 정 김수미

디자인 add+
인 쇄 정원문화인쇄

책공장더불어

주 소 서울시 종로구 혜화동 5-23
대표전화 (02)766-8406
팩 스 (02)766-8407
이메일 animalbook@naver.com
홈페이지 http://blog.naver.com/animalbook
출판등록 2004년 8월 26일 제300-2004-143호

ISBN 978-89-97137-11-4 (03300)